閱讀寫作神救援！

從新古文觀止打造寫作實力的25堂課

高詩佳——著

目次

卷一　讓人物華麗登場

卷二 創意思考逆轉術

卷三 寓言的說故事藝術

卷四 身歷其境的賞遊紀實

推薦序

古文，原來離孩子這麼近！

歐陽立中

在孩子還小的時候，你也許有過這種經驗，買了玩具給孩子玩，但他玩沒兩下就扔一邊，反而跑去玩衛生紙、空紙盒、遙控器等家用物品。這到底是怎麼一回事？事實上，根據蒙特梭利教師羅寶鴻指出，孩子對於日常生活中真實物品的興趣，遠大於玩具；因為玩具是虛幻的，無法連結真實生活。

「古文，跟我有什麼關係？」

場景切換到教室，學生坐在位置上，聽著台上老師口沫橫飛的說，看著密密麻麻的國文課本，「怎又是古文！」孩子碎念著，打了一個呵欠，眼皮一陣沉重，然後，就沒有然後了。這是孩子面對古文的日常。

我常戲稱國文老師像是「通靈少女」，古人已逝，而我們要把古人的魂魄精神，傳遞在學生面前。但對學生而言，他們腦海裡始終浮現一個問號：「古人在乎的事，跟我有什麼關係？」對孩子們而言，古文是虛幻的，除非你能連結現實生活。

好在詩佳發現古人和學生的代溝了！與其標榜古人精神、捍衛古文價值，詩佳蹲下，試著從孩子的眼光看過去。果然，她看見了流行文化、網路社群、小說戲劇，就是沒看見古文；但她卻明白了如何在孩子心中，種下古文價值的種子。

從經典打造自己的寫作潮牌

《閱讀寫作神救援！》是詩佳專為孩子們打造的古文潮牌。她從《古文觀止》等文集挑選二十五篇經典，帶孩子們先閱讀古文品牌故事，再一步步引導孩子，從經典提煉出自己的寫作潮牌。這是一項大工程，很多人不願意做，他們認為經典古文就在那，酒香不怕巷子深。但詩佳願意走出巷子，搖著酒旗吆喝，還穿插說唱和魔術，你會看見，孩子好奇的圍了過來。

原來，很多時候，不是孩子討厭古文，而是他們不知道這對真實生活有什麼幫助。詩佳厲害的是，讓古文不再只是內隱的涵養，而是外顯的素養。像是孩子要寫自傳，結果千篇一律，毫無亮點。詩佳馬上召喚陶淵明〈五柳先生傳〉，用故事新編的方式，讓孩子感受經典的溫度；再透過寫作練習室，帶孩子內化古文架構，一步步寫出自己的創意。

再像是請孩子表達看法，結果一片靜默。詩佳立刻給出解方，請出蘇軾〈留侯論〉，教孩子就算要成為網路鄉民，也要是有理有據的鄉民；再給出王安石〈讀孟嘗君傳〉，引導孩子去除思維的限制。透過三個步驟：傳統觀念↓轉換思維↓引出結論。讓孩子不再只是人云亦云，而是援筆立就，寫出獨特觀點！

讀著詩佳的文字，突然腦海裡浮現麥香奶茶的經典廣告詞：「原來我們這麼近。」對，古文從來都不該是明月高懸，而該是耳邊的鳥鳴花香。《閱讀寫作神救援！》讓我們與古文從此形影不離。

（本文作者歐陽立中，暢銷作家／爆文教練）

推薦序

兼顧「學科本質」與「學習策略」的讀寫素養

陳淑玲

自從《十二年國民基本教育課程綱要．總綱》公告以來，「素養」或是「核心素養」就成了教育界討論的熱門話題，不少近年出版的教學、教養類新書也紛紛在書名上掛上「素養」二字，彷彿有此二字的加持，便是暢銷的保證。

不僅僅是「生活情境導入」

遺憾的是，有些作者或教材設計者對「素養」或「核心素養」的認識，僅止於最基礎、最表象的「生活情境導入」，而沒有掌握到對學生學習上更為重要、影響更為深遠的教學設計精髓。

蔡清田在《核心素養的課程與教學》一書中，提出「核心素養的教學設計四原則」（改自洪詠善、范信賢，二〇一五；林永豐，二〇一七；Wiggins & McTighe，二〇一一）：

一、強調知識、能力與態度的統整；

二、強調情境化、脈絡化的學習；

三、強調學習歷程、學習方法及學會學習的策略；

四、強調實踐力行的學習表現。

而許育健在《素養導向國語文教學設計實務》中也指出「素養導向國語文教學設計」的四項原則：

一、生活情境；

二、語文知識；

三、問題解決；

四、學習策略。

由以上可知，「核心素養」或「素養導向」的國語文教學設計，不該只是「生活情境」的導入而已，更重要的是「語文知識（此即學科本質）」的習得、「問題解決」能力的培養、「學習策略」的教學。

以「加法」搭建寫作鷹架

詩佳老師在《閱讀寫作神救援！》一書二十五堂課的設計，堂堂都能符合上述原則，尤其是以下三項：

一、「語文知識」的習得：在「一、閱讀篇」中，包含了文本閱讀、作者介紹、注釋、鑑賞解析等。這部分是先讓學習者在寫作前先透過經典文本的閱讀，習得相關語文知識。此部分最值得稱道的是【閱讀素養（文本閱讀）】有些採「節錄」的方式處理，詩佳老師以其專業及獨到慧眼，針對該堂教學目標，精心節錄重點段落，讓學習者觀摩上能更聚焦。

二、「問題解決」的能力：在「二、寫作觀摩篇」中，解析寫作之法，並親身試寫示範；繼而在「三、寫作練習室」中，透過數個提問或提示，引領學習者逐步構思，以完成寫作任務，此即問題解決。

三、「學習策略」的教學：在「三、寫作練習室」中，先請學習者逐一回答出「數個問題」，最後再將「這幾個問題的答案」全部串接、組織起來，以完成一篇短文，此即「加一加」的寫作學習策略——以「加法」作為逐步搭建寫作鷹架之法。

此外，本書二十五堂課體例一致，內容詳實，維持其一貫的國語文教學設計著作基調，以「學科本質」為主，不標新立異、不譁眾取寵，能讓學習者沉浸於國語文學習的單純與美好，本人誠摯推薦。

（本文作者陳淑玲，淡江大學師資培育中心講師）

作者序
貼近古文，寫出自己的創作故事！

打動人心的古文學

今天的節目，介紹的是一種在古中國傳說久遠的蟲「蝜蝂」。蝜蝂，是善於背東西的昆蟲，古書《爾雅》就有這種蟲的紀錄。牠有獨特的習性：爬行時遇到東西，會抬起頭抓取來背在背上。背的東西越來越多、越來越重，雖然很累，還是不停的往背上放。人們有時覺得可憐，幫牠拿走背部的東西，可是一旦恢復爬行，牠又像以前那樣，開始抓東西放在背上。牠喜歡爬到高處，用盡力氣還不想停止，直到掉在地上摔死。

以上這段文字，改編自柳宗元的〈蝜蝂傳〉，這篇文章讀來完全就像今天的「動物星球頻道」，既古又新，也是這則故事能夠歷久不衰的關鍵。說來，文學其實就是「人學」，偉大的文學作品都對人性以及現實，有著深刻的刻畫與領悟，這就是千百年前的作品到現在依舊能打動人心，值得反覆閱讀的緣故。

輕鬆走入古典文學的美妙殿堂

清人吳楚材、吳調侯選編的《古文觀止》，就是一部這樣的經典，裡頭有許多篇章，到現在還是在我們的腦海中，成為記憶的一部分。從王安石的〈讀孟嘗君傳〉，我們看到了翻轉思考的創意；從歐陽脩的〈秋聲賦〉，學會描寫聲音的各種方式，讓表達更生動；從周敦頤的〈愛蓮說〉，了解一個人對自己有什麼樣的期許，他的內在對自我價值的肯定；從蘇軾的〈記承天寺夜遊〉，欣賞他瀟灑的性格，和面對困厄時豁達的人生態度；也可以從范仲淹的〈岳陽樓記〉，學會從欣賞景物當中，體悟到某種哲理。

除此之外，還有許多經典的作品，比如說陶淵明的〈五柳先生傳〉、蘇軾的〈前赤壁賦〉、周密的〈觀潮〉、岳飛的〈良馬對〉、李白的〈春夜宴桃李園序〉等等，這些文章的篇幅短小，書寫的也都是作者的人生觀與感懷，經過歷史的淘洗與久遠的流傳，早已成為不朽的經典，值得我們一讀。

這些經典的作品，是如此精巧而又深刻迷人，裡頭所蘊含的生命智慧，以及對現實的諷喻，更值得我們反覆的品味與追尋。只可惜，因為古今語言的隔閡，大家在閱讀這些篇章時，總會面對不小的阻礙。為了讓喜愛經典的朋友們，能夠用輕鬆、寫意的方式，穿越時空的阻隔，進入古典文學美妙的殿堂，我在這本書中，也為每一篇經典作品撰寫【故事新編】，用現代的極短篇小說手法，重新詮釋《古文觀止》中的散文。同時，我也整理出大師們的寫作祕訣，好讓讀者能循著步驟，模仿大師們的寫法，寫出自己的作品。

讀寫素養力的進補全套餐

雖然現今國文教學的目標，是降低文言文的比例，但是觀察二〇一九年起至今的國中會考、高中學測、指考的國文測驗，仍然出現比例不低的文言文考題。在教學現場，我也聽到老師們的想法，大多認為古文值得同學們學習。所以我想做的，就是讓古文更貼近我們的世界，更容易閱讀，也能直接取材應用於寫作。

所以，我精心撰寫了這本《閱讀寫作神救援！——從新古文觀止打造寫作實力的25堂課》，在書中設計了一套單元，讓讀者能夠有效的提升讀寫素養力：

在每一堂課的開頭，都有【創意小思路】提綱挈領的帶你認識古文中的創意，這些創意發想都來自生活的體驗，拉近我們與古文的距離。

在「閱讀篇」中，【閱讀素養】精選經典散文中的名篇，原汁原味的呈現作品的樣貌，另有詳盡的【注釋】輔助閱讀。【大作家】介紹作者生平和他的小故事。【從經典文本學……】單元，由詩佳老師解析大師們的寫作方法，達到「閱讀素養與寫作引導，雙軌並進」的學習目標。【故事新編】重新詮釋古文裡的故事，讓你更容易讀懂古文。

在「寫作觀摩篇」中，【先觀察，開始寫！】提供向大師學習寫作的幾種方法。在【寫作GO！】，由詩佳老師親自寫範文給你看。最後是「寫作練習室」，讓你隨著步驟式的引導，也能創作出自己的故事。

這樣的設計安排，使得閱讀的過程充滿趣味，讀者也將與我乘著經典的羽翼，在這二十五堂精采的讀寫課中，培養出閱讀力和寫作力！

閱讀寫作神救援！

從新古文觀止打造寫作實力的25堂課

卷一

讓人物華麗登場

1 陶淵明的創意自傳寫作法：〈五柳先生傳〉

創意小思路

「我的名字是×××，出生於……，父母是……」很多人寫自傳，都是照這樣的模式寫，雖然四平八穩，該寫的都有寫到，讀起來卻有點無趣，如果你想要在眾多的作品中脫穎而出，就要用點特別的方式。

這時「說故事」就派上用場了！雖然是寫人物自傳，還是要像寫故事一樣，說個屬於自己的「故事」。可以運用寫故事的特點，在自傳中加入情感、表現思想；或是像寫小說那樣，有高潮和轉折，發揮創造力和幽默感。

在遙遠的晉代，陶淵明就為我們示範了創意的自傳寫法，就算以現代的眼光來看，也不會過時。現在讓我們來欣賞古文，向陶淵明學寫作。

一、閱讀篇

閱讀素養　東晉—陶淵明〈五柳先生傳〉

先生不知何許人也①，亦不詳其姓字。宅邊有五柳樹，因以為號焉②。閑靜少言，不慕榮利。好讀書，不求甚解③；每有會意，便欣然忘食。性嗜酒④，家貧，不能常得。親舊知其如此⑤，或置酒而招之⑥。造飲輒盡，期在必醉；既醉而退，曾不吝情去留⑦。環堵蕭然⑧，不蔽風日，短褐穿結⑨，簞瓢屢空⑩，晏如也⑪。常著文章自娛，頗示己志。忘懷得失，以此自終。

贊曰⑫：「黔婁之妻有言⑬：『不戚戚於貧賤，不汲汲於富貴⑭。』其言茲若人之儔乎⑮？銜觴賦詩⑯，以樂其志，無懷氏之民歟？葛天氏之民歟⑰？」

大作家陶淵明

陶淵明（西元三六五年～四二七年），名潛，字元亮，自號五柳先生，私謚靖節先生。潯陽郡柴桑縣（今江西省廬山市）人。東晉、劉宋的文學家，一生不曾擔任過高官。他的詩歌情感真摯，平淡質樸，被稱為「田園詩人」，著名的作品有〈歸去來辭〉、〈桃花源記〉、〈五柳先生傳〉、〈歸園田居〉等詩文。

陶淵明最後一次做官，是在他四十一歲時，在朋友的勸說下出任彭澤縣令。有一次，郡裡派了高官來視察。有人告訴陶淵明，那是上面派來的人，應該穿戴整齊、恭恭敬敬的迎接。陶淵明嘆氣道：「我不想為了五斗薪俸，就低聲下氣的向這些人獻殷勤。」說完，就辭掉官職，永遠脫離了官場。

注釋

① 何許人：什麼地方的人，怎樣的人。
② 號：名稱，別名。焉：語氣助詞，放在句末。
③ 不求甚解：讀書著重理解，而不過度鑽研字句上的解釋。
④ 嗜：喜好。
⑤ 親舊：親戚朋友。舊：老朋友。
⑥ 置酒：設宴。
⑦ 曾不吝情去留：指五柳先生來了就喝酒，喝完了就走，不會惋惜的率真態度。曾不：竟不。吝情：惋惜。去留：離開。
⑧ 環堵蕭然：家中除了四面的土牆，別無他物。形容居室簡陋，十分貧窮。堵：牆壁。蕭然：空寂的樣子。

⑨短褐：貧賤者所穿，以粗布裁製的衣服。穿結：形容衣服破爛。

⑩簞瓢屢空：形容生活極為貧窮，缺乏食物。簞：音單，盛飯的圓形竹器。

⑪晏如：態度安然自若。

⑫贊：傳記結尾用來評論的文字。

⑬黔婁：戰國時期齊國有名的隱士，無意仕進，屢次辭去諸侯的聘請。後人多用來作為「貧士」的代稱。黔，音前。

⑭不戚戚於貧賤二句：不為貧賤而憂懼，也不會極力求取富貴。戚戚：憂懼。汲汲：極力求取的樣子。

⑮其言茲若人之儔乎：這話大概說的是五柳先生這一類的人吧！其言：推究他說的話。茲：這。若人：此人，指五柳先生。儔：輩，同類。

⑯銜觴賦詩：一邊喝酒，一邊作詩。銜：用嘴含物或叼物。觴：音商，酒杯。

⑰無懷氏、葛天氏：傳說中上古的帝王。據說那時人民生活安樂，恬淡自足，社會風氣淳厚。

從〈五柳先生傳〉學寫超有個性的自傳

〈五柳先生傳〉特別的地方，是作者跳脫出來，不用第一人稱「我」，而是用第三者的口吻寫自傳。先從介紹「五柳先生」的名號寫起，說他的姓名並不重要，姑且就以宅邊的五柳樹來稱呼。他這種不在乎名號的態度，跟東晉當時人們重視門第出身的態度完全不同，一開始就確立了主角的人生觀。

接著，介紹五柳先生的生活和個性，重點放在「不慕榮利」。因為不汲汲於名利，人才能靜得下來，不但是話少，心也比平常人寧靜許多。他「好讀書，不求甚解」，讀書不是為了追求功名利祿，而是為了精神的享受，所以「每有會意，便欣然忘食」，因為不為功利而讀，才能真正獲得求知的快樂。

再來描述五柳先生的飲酒嗜好。他愛喝酒，卻因為「家貧，不能常得」，這正是「不慕榮利」的代價，但是他寧可這樣，也不願意做違背本心的事，表現他正直的品德。親友招待他，他就很坦率的接受，真性情而不做作。儘管生活艱困，他還是能夠安貧樂道，平常寫文章只是為了抒發自我，非常瀟灑。

結尾用「不戚戚於貧賤，不汲汲於富貴」兩句話，作為五柳先生的品格與為人的注腳。我們讀了文章，對於他始終如一的人生態度也感到敬佩，同時了解到，一篇好的自傳，應該要能傳達人物的思想感情。

故事新編

他是五柳先生，他是什麼地方的人，叫什麼姓氏，都不重要。因為住宅旁邊有五棵柳樹，就用這當作名號了。他很安靜，話說得很少，從來不羨慕榮華富貴。他喜歡讀書，不在字句的解釋上鑽牛角尖，每當對書本的內容有所領悟，就會高興得忘了吃飯。愛喝酒是他的天性，然而家裡窮，常常沒有酒喝。親友知道這種情況，有時就擺了酒席邀請他。他一定喝到盡興，希望喝醉；醉了就回家，說走就走，毫不眷戀。簡陋的房子裡空蕩蕩的，擋不住風吹日曬，身上的粗布衣服綴滿了補丁，米缸和飲水的水瓢裡常是空的，他還是安然自得。他常常寫文章抒發自我，或許稍微透露出志趣。他從來不介意得失，就這樣子過完一生。

從前，隱士黔婁先生的妻子曾經說過：「不為貧賤而憂愁，不為富貴而勞碌。」大概說的就是五柳先生這類的人。他喝酒、作詩，為自己抱定的志向感到快樂，過著恬淡的生活，就像無懷氏或葛天氏時代的人那樣。

二、寫作觀摩篇

先觀察，開始寫！

讀完了〈五柳先生傳〉，我們不禁讚嘆陶淵明寫作的創意，同時也佩服他的個性，只有對自己相當了解的人，才知道自己適合過怎樣的生活。

如果想要寫得像陶淵明那樣，在寫作前，我們就必須扮演偵探，對自己的個性、志趣、生活態度等等，做深入的調查和思考，這些內容都會成為寫作的材料，幫助你在文章中呈現出立體的「你」。現在就來思考幾個問題：

1. 你的人生觀是什麼？（答：珍惜現在，把握當下）
2. 請為自己取一個外號。（答：自號「去疾」）
3. 請分析自己的個性。（答：內向本質，外向表現）
4. 你對「讀書」有什麼想法？（答：理解比記誦重要）
5. 你的嗜好是什麼？喜歡從事什麼休閒活動？（答：聽音樂和運動）

需要注意的是，首先應該思考你的人生觀是什麼，這是文章的中心思想。然後與另外五個問題連結起來，文章就會呈現清楚的脈絡。

寫作GO！

〈我的自畫像〉

我自號「去疾」，從小身體就不好，大病、小病不斷，看到別人健康的樣子相當羨慕，就取了這個外號，希望能趕走疾病。我是內向的人，卻喜歡與人聊天，對生命總感到「惘惘的威脅」，所以分外的珍惜現在，把握當下，連帶也珍惜與每個人交流的機會。我愛讀書，但是不喜歡背誦記憶，覺得理解更重要；每當領悟到書中的道理，就很開心的想與人分享。平常空閒時，我喜歡聽音樂和運動，音樂的旋律能抒發我鬱悶的心情，而身體在運動後放鬆的狀態，使我緊繃的神經也跟著舒緩了。我充分運用感官感受這個世界，感覺自己的存在。

三、寫作練習室

請參考〈五柳先生傳〉和〈我的自畫像〉，完成一篇簡短的自我介紹，寫成兩百五十字左右的短文：

1. 請思考和說明你的人生觀，它是你一輩子都想實踐的原則。

2. 請為自己取一個外號，並且說明原因。

3. 請分析自己的個性，如果能點出個性的矛盾處就更好了。

4. 你對讀書有什麼想法？也可以描述其中的成就感或挫折感。

5. 你的嗜好是什麼？喜歡從事什麼休閒活動呢？

6. 請將以上的寫作材料，組織整理成一段短文。

2 歐陽脩用對比創造超強戲劇效果：〈五代史伶官傳序〉

創意小思路

想說服別人，最好的方法就是拿出事實，而學習寫議論文，利用「事實」來當例子，也最容易上手。舉事例是最簡單的，可以從親身經歷、歷史事實、社會新聞、名人傳記等，選最適合的來用，好豐富我們的文章。

表現的手法上，最好用的方法，就是讓正面和反面的例子同時呈現，好突顯題旨。比如說，想要寫〈手〉（指考題目）這篇文章，就可以說：沒有手臂的楊恩典，靠著努力成為口足畫家；有的人不想努力，卻去當「三隻手」，靠扒竊為生……這麼一比較，「努力」的題旨就被突顯出來了。

現在，擅長書寫議論文的歐陽脩，就透過他的名作〈五代史伶官傳序〉，來為我們示範正、反事例的運用，以及它的精妙之處。

一、閱讀篇

閱讀素養　北宋—歐陽脩〈五代史伶官傳序〉重點節錄

世言晉王之將終也①，以三矢賜莊宗②，而告之曰：「梁，吾仇也③；燕王，吾所立④；契丹，與吾約為兄弟⑤，而背晉以歸梁。此三者，吾之遺恨也。與爾三矢，爾其無忘乃父之志⑥！」莊宗受而藏之於廟⑦。其後用兵，則遣從事，以一少牢告廟⑧，請其矢，盛以錦囊，負而前驅，及凱旋而納之⑨。

方其係燕父子以組⑩，函梁君臣之首入于太廟⑪，還矢先王而告以成功，其意氣之盛，可謂壯哉！及仇讎已滅，天下已定，一夫夜呼，亂者四應⑫。倉皇東出，未見賊而士卒離散⑬。君臣相顧，不知所歸。至於誓天斷髮、泣下沾襟⑭，何其衰也！豈得之難而失之易歟⑮？抑本其成敗之跡⑯，而皆自於人歟？

大作家歐陽脩

歐陽脩（西元一〇〇七年～一〇七二年），字永叔，號醉翁。吉州廬陵（今江西省吉安市）人，北宋文學家。他的貢獻是領導宋代的古文運動，成功改革晚唐五代以來內容空洞的文風，確立重道、重文的觀念，使古文復興。

歐陽脩在文學上有不凡的成就，過程其實非常勵志。據說，歐陽脩小時候家貧，買不起書本，偶然在隨州城南的李家借到了藏書，還在李家的舊紙簍中撿到了一本殘缺不全的韓愈文集，如獲至寶。經過苦心的閱讀，吸取韓文的精華，他深受韓愈的影響，立志要與韓愈並駕齊驅，成為新時代的文魁。

注釋

① 晉王：指李克用（西元八五六年～九〇八年）。字翼聖，神武川之新城（今山西代縣）人，後唐莊宗李存勗之父，唐末率兵大破黃巢，受賜李姓，封晉王。

② 矢：箭。莊宗：指李存勗（西元八八五年～九二六年），西域突厥沙陀族人，李克用之子。驍勇善戰，滅梁稱帝，為五代時後唐開國君主。後漸驕橫，荒於政事，被伶人郭從謙所殺。

③ 梁，吾仇也：朱溫建立的梁朝是我的敵人。朱溫曾設計派兵襲殺李克用未遂，又發兵圍攻李克用所在的太原。

④燕王，吾所立：劉仁恭是我扶植的。李克用奏請劉仁恭擔任檢校司空、盧龍軍節度使，結果遭劉背叛。
⑤契丹，與吾約為兄弟：李克用與契丹酋長阿保機約為兄弟，最終阿保機背盟依附梁王朱溫。
⑥乃父：你的父親。
⑦廟：宗廟，奉祀祖先的宮室。
⑧從事：官名。少牢：祭祀時只用羊、豬，此二牲稱為「少牢」。告廟：祭告宗廟。古代自天子至諸侯，凡即位、出征、出獵等事，必稟告於祖廟。
⑨及凱旋而納之：李存勗討滅劉仁恭、契丹、梁以後，將箭獻於太廟。
⑩係燕父子以組：李存勗俘虜了劉仁恭、劉守光父子，以繩索綑綁，獻於太廟。係：同繫，綑綁。組：繩索。
⑪函梁君臣之首：李存勗軍隊將至時，梁末帝朱友貞及武將皇甫麟皆自殺，李就把他們的首級放在盒子，藏於太廟。
⑫一夫夜呼，亂者四應：貝州軍士皇甫暉夜賭輸了，就作亂，各地駐軍相繼響應。
⑬倉皇東出二句：李存勗率軍兩萬五千人出關不久，聽聞叛變，立刻返回，結果其中有萬餘人離開。
⑭至於誓天二句：李存勗出行夜宿在石橋，痛哭，隨從百餘人皆拔刀斷髮立誓，哭成一片。
⑮歟：音於，放在句末，表疑問、反詰等語氣。多用於文言文中，相當於「嗎」。
⑯跡：痕跡、線索。

從〈五代史伶官傳序〉學超簡單的舉例

本文從《新五代史．伶官傳》節錄出來，是該篇的序。伶官就是樂官，後唐莊宗喜歡粉墨登場與優伶一起演出，優伶敬新磨、景進因此受寵，導致事變而身亡。歐陽脩作序，說明這篇傳主要告誡帝王，耽於逸樂、信任小人，是可以滅國的。

文章在第一段，先大概說明一個朝代的盛衰，其實跟人為有關，接下來的二、三段，就舉出正面和反面的事例加以說明。在第二段中，描寫莊宗父子當年在全盛時期，報仇的意志有多麼堅決，成就是多麼的不凡。

但到了第三段，忽然筆鋒一轉，從莊宗得到勝利的風光場面急轉直下，描述他迅速失敗、眾叛親離的慘況。這兩段將極度的成功與失敗正反對比，使得第二段的決心與成功看來相當諷刺，給了我們極大的震撼，是很出色的布局。

這告訴我們，越是極端、鮮明的對比，越能夠達到戲劇性的效果。不妨學習歐陽脩的寫法，舉出適當的例子說明你的道理。

故事新編

晉王李克用躺在床上，病得只剩下一口氣了，他叫喚兒子的名字，聽來氣若游絲。

莊宗李存勗跪在床前，身後跪了一地的軍士。李克用顫抖著，將三支箭放在莊宗的手中，說：「梁……是我的仇敵，還沒消滅；劉仁恭，是我扶植的；契丹，曾和我結為兄弟，但背叛我，去投靠梁國。這三件事，是我最大的遺憾！為父的留給你三支箭，望你……不要忘記為父的心願。」

莊宗接過箭，將它們供在宗廟裡。每當要出兵作戰，就派遣從事用少牢牲禮祭告宗廟，請出一支箭，裝在錦囊裡，讓人背著它上前線，等到凱旋歸來，才放回宗廟。後來，莊宗用繩子綑綁劉仁恭父子，用盒子裝梁國君臣的首級，供祭在宗廟中，將箭交還，向先王報告勝利，那時多麼意氣風發！可是仇敵消滅了，天下平定後，只因一個軍士在夜裡叛亂，亂黨就紛紛響應起來。

當時莊宗慌忙出兵，然而還沒見到叛賊，軍隊就潰散了。君臣你看我，我看你，慌得不知如何是好。莊宗不禁痛哭，跟隨他的一百多人都拔刀削斷頭髮，向天發誓效忠，淚流不止，這景況是多麼淒涼！難道得天下難，而失天下卻容易嗎？還是歸根究柢，成功或失敗，其實都是出自人為呢？

二、寫作觀摩篇

先觀察，開始寫！

〈五代史伶官傳序〉的第二、三段，用的是「正反事例」，藉由正、反的極端例子，彼此互相對照，文章的中心思想就被突顯出來了。接著再加以分析說理，好讓我們明白，後唐基業的成敗與人為的因素有關。

如果想要模仿歐陽脩，寫一篇有關「項羽的崛起和殞落」的文章，就可以用這種方法來寫。可依照下面四個步驟來進行：

1. 引論：提出中心論點。比如先提出施仁政，獲得人民支持的重要。
2. 正例：正面的實例。舉項羽在鉅鹿之戰一戰成名、獲得民心為例。
3. 反例：反面的實例。舉項羽屠咸陽、殺子嬰、燒秦宮室等事為例。
4. 說理：下個結論。說天下需要仁君，殘忍的項羽注定失敗。

舉例時，從同一個人物的身上提出正、反事例，最具有前後對照和諷刺的效果。接下來就找個例子，寫一篇精采的議論文吧！

寫作GO！

〈項羽的崛起和殞落〉

仁者無敵，項羽卻正好相反，讓殘忍駕馭了理智，以至於兵敗身亡。

想當年，鉅鹿之戰是滅秦最關鍵的一戰，也是項羽的成名之戰，他打退章邯，活捉王離，一戰成名，所率領的楚軍，也因此成為鉅鹿之戰中所有諸侯軍的主導，各路諸侯軍都被納入了他的麾下，人民期待他的呼聲到達頂點。

然而項羽的殘忍也令人駭異。對於投降的秦軍，項羽選擇的是全部擊殺，以除後患。進入咸陽以後，項羽引兵屠咸陽、殺子嬰、燒秦宮室，火勢長達三月不滅，大肆搜刮財貨和婦女。這些行為導致他失去民心，只能將江山拱手讓人。

要知道，因為秦的殘暴，所以天下需要一位仁君，但深埋在項羽靈魂深處的暴戾之氣，注定他將失去民心，以致失敗。

三、寫作練習室

請參考〈五代史伶官傳序〉和〈項羽的崛起和殞落〉，也來談論某個人物，寫成兩百五十字左右的短文：

1. 決定你想寫的是哪個人物，請將他的背景資料簡要的寫下來。

2. 決定你想談的中心論點是什麼，請清楚的寫出來。

3. 舉出正面的例子，講這個人物的崛起或風光的時期。

4. 舉出反面的例子，講這個人物的殞落或失敗的慘況。

5. 根據以上的事例，為這個人物下個結論。

6. 請將以上的寫作材料，組織整理成一段短文。

3 地表最有才老爸蘇洵的命名法：〈名二子說〉

創意小思路

名字，是爸爸媽媽送給我們的第一個禮物，是別人認識我們的第一個途徑，也可以說是每個人的「金字招牌」。所以在命名時，如果可以讓人琅琅上口，再加上名字裡蘊含的深刻意義，必定能讓別人對你產生深刻的印象。

你的爸媽是怎麼幫你取名的呢？是請命理師算命，還是自己想的？名字背後，有什麼典故嗎？不管是怎麼取的，都包含父母親對你的愛與期待。

「唐宋八大家」之一的蘇洵，有兩個了不起的兒子蘇軾和蘇轍，從他的〈名二子說〉中，能看到他對孩子的深刻了解。現在，就一起來欣賞。

一、閱讀篇

閱讀素養　北宋—蘇洵〈名二子說〉

輪、輻、蓋、軫①，皆有職乎車②，而軾獨若無所為者③。雖然，去軾則吾未見其為完車也。軾乎，吾懼汝之不外飾也④。天下之車，莫不由轍⑤，而言車之功者，轍不與焉。雖然，車仆馬斃⑥，而患亦不及轍⑦，是轍者，善處乎禍福之間也。轍乎，吾知免矣⑧。

大作家蘇洵

蘇洵（西元一〇〇九年～一〇六六年），字明允。北宋文學家，四川眉山人，是蘇軾和蘇轍的父親，父子三人被稱為「三蘇」，均名列「唐宋八大家」。他二十七歲才開始發憤讀書，景祐四年（西元一〇三七年）第三度入京考試，可惜沒中。後來居家讀書，考究古今治亂得失，同時教蘇軾和蘇轍讀書。嘉祐二年（西元一〇五七年），他攜蘇軾、蘇轍入京應試，二子同登金榜，轟動京師。曾任校書郎、主簿等官職。有《嘉祐集》傳世。

蘇洵教育兒子的方法很獨特。據說，蘇軾、蘇轍小時候很頑皮，蘇洵教誨多次無效，於是就想到了妙招！每當兩個兒子玩耍，他就偷偷的看書，還刻意讓他們發現。等到兒子走近觀看，他就故意把書藏起來。這種舉動引起了孩子的好奇心，兩個孩子就趁著父親不在，把父親藏起來的書偷拿出來認真閱讀，從此激發了他們對讀書的興趣，最後在文學上都很有成就。

注釋

①輪：車輪。輻：車輪中連接車轂和輪圈的直木。蓋：車上的傘蓋。軫：音枕，古代車箱底部的橫木。
②職：職責，工作事務。
③軾：古代車子前面可供憑依的橫木。獨：唯獨。若：好像。無所為：沒有作用。
④懼：擔心。汝：你。外飾：在表面上有所掩飾，引申為隱藏鋒芒。
⑤莫不：皆，沒有一個不。轍：車輪碾過所留下的痕跡。
⑥仆：倒下。斃：死亡。
⑦患：禍害，災難。
⑧免：避免。

從〈名二子說〉學超巧妙的命名法

慶曆六年（西元一〇四六年），蘇洵最後一次赴京趕考。儘管他的才學過人，結果還是落榜了。從此以後，他就把希望寄託在兒子蘇軾與蘇轍的身上。第二年回到故鄉，就寫下了這篇〈名二子說〉，當時蘇軾只有十一歲，蘇轍才八歲。

蘇洵寫下為蘇軾、蘇轍命名的緣由，用「借物喻人」的方式，以車子為比喻，談兒子各自性格上的長處和弱點。比如「軾」是車前的橫木，供人扶手用的，表面上似乎沒有什麼作用，但少了橫木，車子就不完整了。蘇洵擔心蘇軾的性格豪放，難免不注意外在的修飾，可能招來禍患。「轍」是車輪印，一輛車子的性能再好，車輪印也不會有功勞，不過如果車翻倒了，馬死了，也不會怪罪到車輪印。蘇洵認為蘇轍的性格溫厚，能夠免於災禍，不會讓他太擔心。身為老爸，蘇洵殷切的表達了對兒子的勸戒與勉勵。我們也知道，後來蘇軾因為烏臺詩案差點沒命，蘇轍的處境就好多了，蘇洵可說相當有洞察力，對兩個兒子有清楚的了解，名字也取得很巧妙。

我們也來調查一下自己名字的由來，思索背後有沒有什麼特別的意義，同時向蘇洵學習寫作，寫出一篇含義深刻的好文章。

故事新編

蘇洵坐在書桌旁，透過窗戶，看著兒子蘇軾、蘇轍在門口玩耍。大兒子蘇軾十一歲，小兒子蘇轍八歲，他們結伴玩車，一個當車夫，另一個在後面推車。蘇洵看著轉動的車輪，心想：「這兩個孩子的名字跟車子大有關係啊！」車輪、車輻條、車頂蓋、車廂底部的橫木，都各司其職，唯獨作為扶手的橫木，卻好像沒有用處，即使這樣，如果去掉橫木，就看不出那是一輛完整的車子了。

此時蘇軾坐在車上，假裝甩著馬鞭駕車，看起來相當神氣。蘇洵嘆了口氣，心想：「軾兒啊，我擔心你不會隱藏自己的鋒芒。」再看看推車的蘇轍，轍的笑容相當溫厚。蘇洵知道，天下的車沒有不順著車輪印走，車子的性能再好，功勞都不會給車輪印；但車倒了，馬死了，也不會怪到車輪印。這車輪印，是能夠免於災禍的。蘇洵鬆了口氣，心想：「轍兒啊，我知道你是能讓我放心的。」

二、寫作觀摩篇

先觀察，開始寫！

〈名二子說〉談的是文學家蘇軾與蘇轍，又與蘇洵的教育思想有關，篇幅雖然短小，但文筆精鍊，成為歷來傳頌的名篇。這篇文章的特色，就是運用「以物喻人」的方式，以車子比喻人的性格、命運和前途，相當有趣！

文章也包含了深刻的寓意。比如扶手對車子的重要性，或是車輪印能處在禍福之間，都是基於深入的觀察而作的比喻，我們學寫文章，也要抓住這點來發揮。假如今天想幫某個人取名字，就可以這樣寫：

1. 物品描述：描述物品的外觀和來歷。如：「媽媽送給妹妹的泰迪熊玩偶，有著渾圓豐滿的身材和四肢，用蓬鬆的安哥拉羊毛縫製，一雙烏黑的眼睛，微笑的嘴巴，搭配憨厚的表情。」
2. 以物喻人：將泰迪熊與妹妹連結起來。如：「剛出生的妹妹就像這個泰迪熊，有圓滾滾的體型，豐厚的頭髮，烏溜溜的眼睛和櫻桃小口。」

3. 取個名字：為主角取名，並解釋名字的意義。如：「妹妹的笑容純真無邪，感染了每一個人。媽媽給她取了名字叫做『芷嫣』，芷是一種香草，嫣是形容笑容很美麗。」
4. 送上祝福：說明名字所蘊含的祝福意義。如：「媽媽希望妹妹像香草一樣美麗，又像泰迪熊一樣，不變的笑容成為永恆的祝福。」

這樣是不是很簡單呢？你也可以假設自己要幫某個人或物品取名字，按照上面的順序去思考，就能完成一篇有趣的小文章了。

寫作GO！

〈妹妹的名字〉

媽媽將送給妹妹的泰迪熊玩偶，放在妹妹的小床上，它有著渾圓豐滿的身材和四肢，用蓬鬆的安哥拉羊毛縫製，一雙烏黑的眼睛，微笑的嘴巴，搭配憨厚的表情。剛出生的妹妹被柔軟的包巾裹起來，就像這個泰迪熊，有圓滾滾的體型，豐厚的頭髮，烏溜溜的眼睛和微微張開的櫻桃小口。媽媽拿起泰迪熊逗弄妹妹，妹妹開心得笑了起來，笑容純真無邪的摸樣，感染了每一個人。媽媽就給她取了名字叫做「芷嫣」，芷是一種香草，嫣是形容笑容很美麗，希望妹妹能夠平安的長大，像香草一樣美麗，又如泰迪熊一樣，不變的笑容成為永恆的祝福。

三、寫作練習室

請參考〈名二子說〉和〈妹妹的名字〉，也來寫一篇有趣又有意義的文章，按照下面的步驟，寫成兩百五十字左右的短文：

1. 請思考你想為誰取名字？說明這個主角跟你是什麼關係？

2. 文章要「以物喻人」，請選擇某個物品，描述它的外觀和來歷。

3. 將物品和主角連結起來，描述兩者之間哪裡相像？

4. 請為主角取名字，並解釋這個名字的意義。

5. 說明主角的名字所蘊含的祝福意義。

6. 請將以上的寫作材料，組織整理成一段短文。

4 公道伯蘇軾評論歷史名人：〈留侯論〉

創意小思路

評論，真不是一件容易的事！在評論的過程中，需要用到綜合的能力，比如事前要蒐集和閱讀資料，消化吸收後，才能醞釀出觀點；評論時，要抓住事物的本質，透析事情發展的要點，立場還要公正客觀，一點都不簡單。

該怎樣分辨什麼是好的評論呢？好的評論，既能讓我們看到作者「獨特」的觀點，也能讓我們讀到許多專業的背景知識，可說「含金量」非常高。至於不負責任的評論，只是將事件重複一遍，不但沒有觀點，也不提供任何背景知識，更缺乏公正客觀的精神，充其量，只能算批踢踢（PTT）上的八卦。

評論歷史人物是其中最常見的，現在，藉著閱讀〈留侯論〉，讓我們來看看蘇軾如何評價張良的得失，進而學習大師高妙的寫作技巧。

一、閱讀篇

閱讀素養　北宋—蘇軾〈留侯論〉重點節錄

當韓之亡①，秦之方盛也，刀鋸鼎鑊待天下之士②；其平居無罪夷滅者③，不可勝數；雖有賁育④，無所復施。夫持法太急者，其鋒不可犯，而其勢未可乘⑤。子房不忍忿忿之心，以匹夫之力，而逞於一擊之間⑥，當此之時，子房之不死者，其間不能容髮⑦，蓋亦已危矣。千金之子，不死於盜賊，何者？其身之可愛，而盜賊之不足以死也。子房以蓋世之才⑧，不為伊尹、太公之謀⑨，而特出於荊軻、聶政之計⑩，以僥倖於不死，此圯上之老人所為深惜者也⑪。是故倨傲鮮腆⑫，而深折之，彼其能有所忍也，然後可以就大事，故曰：「孺子可教也⑬。」

大作家蘇軾

蘇軾（西元一〇三七年～一一〇一年），字子瞻，號東坡居士，眉州眉山（今四川省眉山市）人，北宋著名的文學家、政治家、藝術家。官至端明殿學士兼翰林學士、禮部尚書。他在散文、詩、詞、賦都有極高的成就，也擅長書法和繪畫，是文學藝術史上的通才。有《東坡先生大全集》及《東坡樂府》流傳後世。

蘇軾有不少趣聞都與佛印禪師有關。有一天，蘇軾做了一首詩：「稽首天中天，毫光照大千，八風吹不動，端坐紫金蓮。」讓書僮帶給佛印看。佛印就批了「放屁」二字，請書僮帶回去。蘇軾見後大怒，立即過江責問佛印。佛印卻大笑說：「學士，學士，您不是『八風吹不動』嗎？怎麼一『屁』就打過了江？」

注釋

①韓之亡：韓是戰國七雄之一，秦始皇十七年（西元前二三〇年）滅韓。
②刀鋸鼎鑊：古時的刑具。指秦始皇以刀鋸殺人，以鼎鑊烹人。
③平居：平日在家。夷滅：誅滅。
④賁育：古代著名的勇士，孟賁與夏育。
⑤其勢未可乘：指當時的形勢有利於秦，還沒有可乘之機。
⑥逞於一擊：快意的在博浪沙一擊。《史記．留侯世家》記載，秦滅韓以後，張良與力士在博浪沙狙擊秦始皇，誤中副車。秦始皇大怒，懸賞捉拿張良。
⑦其間不能容髮：比喻情勢危急。
⑧蓋世之才：獨步當世的才識。

⑨ 伊尹：名摯，輔佐商湯伐桀，商初的賢相。太公：周初賢臣呂尚，輔佐武王滅商。

⑩ 荊軻：字公叔，曾經欲刺秦王，結果事敗被殺。聶政：曾刺殺韓宰相俠累，替嚴仲子復仇。事成之後，擔心連累其姊，於是毀容自盡。

⑪ 圯上之老人：秦時，曾於下邳圯上傳太公兵法給張良的老人。圯，音宜，下邳人稱橋為圯。

⑫ 倨傲鮮腆：傲慢無禮。腆，音舔。

⑬ 孺子可教：稱讚可以造就的年輕人。

從〈留侯論〉學超精闢的評論法

留侯，就是張良。根據《史記．留侯世家》記載，秦滅韓後，張良為韓報仇，重金尋找力士，在博浪沙狙擊秦始皇，可惜失敗了，只好隱姓埋名躲到下邳。在下邳期間，遇到一個老人，老人故意將鞋子丟到橋下，要張良為他撿起來，如此再三刁難，張良都忍了過去。後來老人就送兵書給他，成就了一代軍師。

這裡節錄的是〈留侯論〉的第二段。作者用夾敘夾議的方式，一邊敘述歷史，一邊放入評論，提出了「能忍」的重要。首先交代歷史背景，說秦始皇暴虐無道，但當時秦國的國勢正強，幾乎沒人可以撼動得了。接著用今昔對比的方式，提到張良的過去，說他曾經「不能忍」，以致於差點讓自己沒命，順勢下個小結論，提出「千金之子，不死於盜賊」這樣的智慧之言。

然後分析圯上老人的行為，指出老人之所以再三刁難張良，都是為了考驗他，希望他有所忍耐，將來才可以成就大事。原文最後以劉邦能夠忍耐，最終滅了項羽，都是張良教他的為例，說明張良「能忍」的特質和他的成長。全文圍繞著「忍」字發揮，立論精闢，見解獨到，值得我們一再的品讀。

故事新編

張良無法壓抑對秦王的憤怒，在博浪沙狙擊秦王，差點丟了性命。當時韓國被秦所滅，秦國的國力正盛，秦王用刀鋸、油鍋對付天下的志士，那些「人在家中坐，禍從天上來」、無端被抓去滅族的人，數也數不清。就算孟賁、夏育也無法施展本領，張良卻執行了他的復仇計畫，打算求一時的痛快！那時他被追捕，危在旦夕。然而，富人家的子弟是不能死在盜賊手中的，因為他的生命寶貴，不值得為強盜而死。張良擁有蓋世的才能，不學伊尹、姜太公那樣深謀遠慮，反而學荊軻、聶政從事行刺的下下之策，只因為僥倖才得以不死，這是圯上老人為他深感惋惜的地方。所以老人故意傲慢無禮，深深的挫折他，希望他有所忍耐，將來才可以成就大業，最後滿意的說道：「這年輕人真是可造之才。」

二、寫作觀摩篇

先觀察，開始寫！

從這篇〈留侯論〉，我們可以看見，一個好的觀點，能夠決定評論的好壞。別人將圯上老人的故事當成神怪傳說，蘇軾卻很公道的，認為不該用穿鑿附會的方式看歷史，他將眼光關注在分析事件的細節，建立了獨特的觀點。

現在，我們就來練習建立觀點。首先，找到某個過去人物發生的事件，比如王安石〈傷仲永〉中的主角方仲永，接著按照步驟寫：

1. 人物往昔：帶出一個人物的過去。比如：「王安石的家鄉有個神童名叫方仲永，五歲就能寫詩，甚至能指物作詩，富豪們爭相的邀請他、獎賞他。」
2. 智慧之言：寫出有智慧的話，當作立論中心。如：「教育是永無止盡的追尋。」
3. 分析道理：將上面的智慧之言分析解釋。如：「人的資質並非永恆不變，一個天才，如果依恃自己的天賦就停止學習，將與普通人沒有兩樣，可見學習是一輩子的事。」
4. 人物結局：交代主角的結局。如：「在父母不當的教養下，仲永二十歲時，才華就全部消失了。」

想要模仿、學習大師的文章並不難，只要整理好脈絡，透過深入的閱讀理解，建立自己的觀點，就能寫出一篇好文章！

寫作GO！

〈論方仲永〉

王安石的家鄉有個神童名叫方仲永，五歲就能寫詩，甚至能指物作詩，富豪們爭相的邀請他、獎賞他。仲永的父親認為有利可圖，就忙著帶他見富豪，四處炫耀。仲永自認為有天賦，而且成天受人誇獎，深感榮耀，也就不將學習當作一回事了。然而他忽略：教育是永無止盡的追尋，人的資質並非永恆不變。一個天才，如果依恃自己的天賦就停止學習，將與普通人沒有兩樣，可見學習是一輩子的事。在父母不當的教養下，仲永二十歲時，才華就全部消失了。王安石很感嘆，認為有天賦的人尚且如此，那些資質普通的人，就更不用說了。

三、寫作練習室

請參考〈留侯論〉和〈論方仲永〉，也來寫一篇評論人物的文章，按照下面的步驟，寫成兩百五十字左右的短文：

1. 決定你想評論的人物是誰？請簡單描述他的姓名和樣貌。

2. 承上題，請簡單介紹一下這個人物的背景。

3. 請決定你想在文中談什麼道理？可用一兩句話概括，並解釋清楚。

4. 請描述這個人物過去做了什麼事，用來和他後來的表現對照。

5. 請描述這個人物後來做了什麼事。

6. 請將以上的寫作材料，組織整理成一段短文。

5

秦觀與他年少輕狂的讀書態度：〈精騎集序〉

創意小思路

自我反省，是心靈成長的必要條件。寫反省文章最大的好處，就是能夠幫助我們認識自我，釐清問題、改善問題，進而獲得了成長。許多作家在撰寫這類反省文章時，最常用的手法，就是「今昔對比」的對照。

有句話說：「沒有比較，就沒有傷害。」很多事物都要經過比較，才會看得出其中的落差。在《三國演義》中有周瑜，才能襯托諸葛亮的才智過人；《水滸傳》有武松打虎和李逵殺虎的對比，才可以顯露兩人在個性上的差異。

秦觀在〈精騎集序〉所運用的創意，就是對照的藝術。想一想，有了從前不良行為的示範，現在的幡然醒悟，才會顯得更有價值。你說，是嗎？

一、閱讀篇

閱讀素養　北宋—秦觀〈精騎集序〉

予少時讀書，一見輒能誦①。暗疏之②，亦不甚失③。然負此自放④，喜從滑稽飲酒者游⑤。旬朔之間⑥，把卷無幾日。故雖有強記之力⑦，而常廢於不勤⑧。

比數年來⑨，頗發憤自懲艾⑩，悔前所為；而聰明衰耗⑪，殆不如曩時十一二⑫。每閱一事⑬，必尋繹數終⑭，掩卷茫然，輒復不省⑮。故雖然有勤苦之勞，而常廢於善忘。

嗟夫⑯！敗無業者⑰，常此二物也。比讀《齊史》⑱，見孫搴答邢詞云：「我精騎三千，足敵君羸卒數萬⑲。」心善其說，因取經、傳、子、史之可為文用者⑳，得若干條，勒為若干卷㉑，題曰《精騎集》云。

噫！少而不勤，無如之何矣。長而善忘，庶幾以此補之㉒。

大作家秦觀

秦觀（西元一〇四九年～一一〇〇年），字少游，號淮海居士，揚州高郵（今屬江蘇）人。北宋著名詞人，蘇軾的弟子。擅長詩詞，多寫有關愛情和身世感傷的題材，風格輕婉秀麗，受到歐陽脩、柳永的影響，是婉約詞的代表作家之一。

明代馮夢龍的《醒世恆言．蘇小妹三難秦觀》，虛構了秦觀與蘇小妹的愛情故事。蘇小妹相傳是蘇軾的妹妹，父親為她舉辦「比文招親」，最後選中了秦觀。拜堂成親後，蘇小妹又以三副對聯為難新郎秦觀，幸好秦觀頗有才氣，加上蘇軾的幫助，成功的對上了對聯。情節趣味橫生，是一則有趣的傳說。

注釋

①輒：就。誦：背念。
②暗疏：默寫。
③失：錯誤。
④負：憑藉。自放：放縱自己。
⑤滑稽：詼諧有趣的言語。滑，音骨。游：交往。

⑥旬朔：十天或一個月。
⑦強記：記憶力特強。
⑧廢：荒廢。
⑨比：音必，近來。
⑩懲艾：懲戒自己。艾：音亦，同「乂」，懲戒的意思。
⑪衰耗：衰竭減損。
⑫殆：恐怕。曩時：從前。
⑬閱：查考。
⑭尋繹：反覆的推究。
⑮輒復不省：就又忘記了。
⑯嗟夫：表示感嘆的語氣詞。
⑰敗：荒廢。
⑱比：音必，等到。
⑲孫搴答邢詞：搴，音千。見《北齊書．孫搴傳》：「孫搴，字彥舉，以文才著稱，但實際學淺行薄。邢邵嘗謂之曰：更須讀書。孫搴答曰：我精騎三千，足敵君羸卒數萬。」羸卒：疲弱的士卒。羸，音雷。
⑳經、傳、子、史：經，指儒家經典，如《詩經》等；傳，指解釋經書的書籍，如《左傳》等；子，指諸子書籍，如《莊子》等；史，指歷史書籍，如《史記》等。
㉑勒：編輯。
㉒庶幾：表示希望的語氣詞，或許可以。幾，音機。補：彌補。

從〈精騎集序〉學超深刻的反省文

這篇〈精騎集序〉，是作者為他編選的《精騎集》所寫的一篇序。書中收集了很多古書的典故，可以當作寫作時的參考資料。雖然現在已經亡失了，但是在當時很有影響力。作者在序裡，主要是分享和檢討自己的讀書經驗。

文章分為兩個部分。一開始，作者先說自己在讀書方面頗有天分，聰明、強記是他的強項。可惜的是，年少輕狂時，只知道整天和朋友飲酒玩樂，拿著書本閱讀的時間不多，所以荒廢學業，藉此告訴我們「不勤」的弊病。

接著作者透過今昔對比，說自己後來長大了，想積極勤奮讀書，卻發現記憶力衰退，比不上年輕的時候。現在讀書時遇到最大的困難，就是反覆的推究與背誦後，卻很快又忘了。所以，作者反省自己年輕時的「自負」，希望讀者能夠引以為戒。秦觀的反省文章既深刻又誠懇，非常值得我們閱讀。

故事新編

我是秦觀，在我年少輕狂的時候，讀書過目不忘，一下子就能記誦，將內容默寫出來，也不會有什麼錯誤。不過我仗著這點，自我放縱，喜歡和詼諧善辯、愛喝酒的人來往，十天或一個月內，拿著書本讀書的時間沒有幾天。所以雖然有很好的記憶力，卻時常因為懶惰而荒廢學業。

近年來，我發憤讀書，警惕自己，對以前的行為感到後悔；但是聰穎的天分已經衰退、消耗掉了，恐怕還不到年輕時的十分之一、二。現在每查考一件事，一定要從頭到尾找好多遍才找得到，闔上書本就感到茫然，很快又忘了。所以雖然相當勤勞刻苦，卻因為容易忘記而使得學業沒有成就。

唉，使我學業敗壞的，常常是「不勤」與「善忘」這兩大因素啊！

二、寫作觀摩篇

先觀察，開始寫！

讀完了古文，讓我們模仿〈精騎集序〉的寫法，也來寫一篇自我反省的文章。但是在寫作前，必須像面對心理師一樣，透過一些問題來幫助自己，釐清讀書時所犯的缺失。在這裡，可以用「自問自答」的方式幫助思考：

1. 你的強項是什麼？（答：理解力佳）
2. 你的弱點是什麼？（答：記憶力差）
3. 有什麼外在因素干擾你讀書？（答：看電視、打電動）
4. 你在讀書時遇過什麼困難？（答：文字太多就讀不下去）
5. 你的性格有哪方面不利讀書？（答：懶惰、急躁）

寫作時記得用對照，先描述從前自己有天分，但被不良的個性和行為耽誤了；後來想努力讀書，卻遇到了困難。按層次寫，就是一篇很好的反省文！

寫作GO！

〈讀書心路〉

我在讀書的路上，經常跌跌撞撞，但大部分是我自己造成的。在我讀小學時，讀書總能很快就理解文意，不過因為這樣，我自以為讀書不費力氣，就怠惰了下來。所以雖然有很好的理解力，卻因為懶惰而讓課業退步。

後來上了國中，功課跟不上同學，我就急著用功。但這時我的理解力已經沒有小時候好，而記憶力原本就不佳。加上每次讀書，內心總是對看電視和打電動蠢蠢欲動，同時書本的字太多，就讀不下去，這都是我太急躁，又容易分心造成的。

唉，讓我學業荒廢的，就是懶惰與急躁這兩個因素吧！

三、寫作練習室

請參考〈精騎集序〉和〈讀書心路〉，也來寫一篇反省讀書態度的文章，寫成兩百字左右的短文：

1. 主題是反省自己讀書的狀況，請大致給自己的讀書態度打分數。

2. 請描述自己對讀書這件事的喜愛程度，多用形容和譬喻法。

3. 請描述自己對讀書這件事不喜歡的部分，可用比喻或誇飾。

4. 提出幾個問題幫助自己思考：

✓ 在讀書方面，你的強項是什麼？

✓ 在讀書方面，你的弱點是什麼？

✓ 有什麼外在因素干擾你讀書？

✓ 在讀書方面，你遇過什麼困難？

✓ 你的性格有哪方面不利讀書？

5. 請將以上的寫作材料，組織整理成一段短文。

6 王安石推倒限制思想的高牆：〈讀孟嘗君傳〉

創意小思路

創意思考的基礎，就是去除思維的限制。我們經常被一些習以為常的觀念給限制住，而且年紀越大，思維就越僵化，如果沒有自覺與反省，就容易成為別人口中的「頑固分子」；只有質疑和謙卑，才能將自己從常識的桎梏中解放出來，讓思維進行「偉大的越獄」，成為一個具有創意思考能力的人。

舉例來說，在華人的傳統思想中，「知足常樂」的觀念，一直被人們認為是好的價值觀，而加以推崇；但是在現實生活當中，如果可以克服這種思想，改成「不知足才能常樂」，說不定人生可以取得更好的成就！我們的文明，就是因為人類不滿足現狀、不斷開創，才有往前推進的可能性。

在遙遠的北宋時期，文學家王安石就以〈讀孟嘗君傳〉這篇古文，向我們示範如何推倒限制思想的高牆。現在，就讓我們來深入閱讀。

一、閱讀篇

閱讀素養　北宋──王安石〈讀孟嘗君傳〉

世皆稱孟嘗君能得士①，士以故歸之②，而卒賴其力以脫於虎豹之秦③。嗟乎④！孟嘗君特雞鳴狗盜之雄耳⑤，豈足以言得士？不然，擅齊之強⑥，得一士焉，宜可以南面而制秦⑦，尚何取雞鳴狗盜之力哉？雞鳴狗盜之出其門，此士之所以不至也。

大作家王安石

王安石（西元一〇二一年～一〇八六年），字介甫，號半山，臨川鹽阜嶺（今江西省撫州市臨川縣）人，北宋著名政治家、文學家、思想家。他的文思敏捷，偏重說理，而且言簡意賅，能夠直指要點，被後世稱為「唐宋八大家」之一。他的詩好議論，好用典，好矜奇，被稱為「王荊公體」。現存《臨川集》等文集。

王安石酷愛思考，有時會沉浸在自己的世界。他在常州任內時，有一次參加宴會，突然大聲笑出來，眾人以為是台上伶人的表演太精采，才引得他發笑。後來，有人問王安石當時為何笑，他卻說自己是在思索《易經》中的卦象，得到領悟，不由得開懷大笑，可見王安石愛讀書成痴的程度。

注釋

① 孟嘗君：戰國時齊國公子，姓田，名文；相齊，封於薛，孟嘗君為其稱號。好養賢士，食客數千人。本文篇名「孟嘗君傳」，指的是司馬遷的《史記．孟嘗君列傳》。士：是對品德好、有睿智或特殊技藝的人的美稱。

② 歸：依附、投靠。

③ 卒：最終。賴：依靠。脫：離開，避開。虎豹之秦：像虎豹一樣殘暴的秦國。

④ 嗟乎：表示感嘆的發語詞。

⑤ 特：只，但。雞鳴狗盜：戰國時秦昭王囚孟嘗君，打算殺害。孟嘗君的門客，一個裝狗入秦宮偷狐白裘；另一個學雞叫使函谷關開門，孟嘗君因此脫難。雄：首領。耳：位於句末，是限制的意思。相當於「而已」、「罷了」。

⑥ 擅：擁有。

⑦ 宜：應該、應當。南面：指居於君主之位；君王坐位面向南。制：制伏。

從〈讀孟嘗君傳〉學超另類的思考

據說，〈讀孟嘗君傳〉是古代最早的一篇翻案文章，主要在說明「孟嘗君不能得士」。一般傳統對孟嘗君的看法，都是肯定他有本事，才能讓各方的奇才異能之士前來歸附效力。但是，王安石在讀完《史記．孟嘗君列傳》後，卻用短小的篇幅，提出了新穎獨到的看法，推翻了一般人的認知。

文章先將一般人對孟嘗君的看法提出來，說世人都稱讚孟嘗君能夠招賢納士，賢士因此前來歸附；孟嘗君也靠著他們的力量，從秦國逃出來。孟嘗君當時有食客數千人，可說是賓客盈門、謀士雲集，而「雞鳴狗盜」幫助他逃出秦國，也一向傳為佳話，但王安石可不這麼看。

王安石認為，孟嘗君並不是真正的得到賢士，如果他得到賢士，哪怕只有一個人才，以齊國強盛的國力，早就征服秦國了，怎麼還會需要雞鳴狗盜之人呢？況且，連雞鳴狗盜之人都能成為他的門客，難怪賢士都不肯前來效力。這個論點是「以子之矛，攻子之盾」，找出對方邏輯不通之處，加以攻破。

王安石的文章讓我們認識到，絕對不能像孟嘗君那樣，徒有「好養士」的虛名，而沒有真實的本領。同時也點出，我們身邊圍繞的是哪類人，就會影響外界對我們的看法。讀完這篇散文，我們也來動動腦，練習寫一篇翻案文章。

故事新編

月光映照在窗上，撒下一地的銀花。夜深人靜，萬籟俱寂，在這樣的良辰美景裡，不讀書是一種遺憾。沉浸在書的世界，那種忘乎所以，是難以形容的。

王安石捧著《史記．孟嘗君列傳》品讀，當他看到孟嘗君藉著雞鳴狗盜之力，順利的逃出秦國，忍不住感嘆，心想：世人都稱孟嘗君能招賢納士，所以賢士聚集，讓他從如狼似虎的秦國逃脫出來。卻沒想到，他不過是一群雞鳴狗盜之徒的首領，否則，以齊國強大的國力，只要得到一位賢士，應當能征服秦國，還需要雞鳴狗盜的力量嗎？雞鳴狗盜出現在他門下，正是賢士不來的原因啊！

二、寫作觀摩篇

先觀察，開始寫！

〈讀孟嘗君傳〉是王安石的讀後感想，他用獨特的觀點來看歷史，評價歷史人物，翻出新意，留給後世讀者的，是熠熠的智慧之光。假如你希望像這樣寫翻案文章，首先就要放開你的腦袋，讓思想不受限制。

可以找一個傳統觀念，試著「推翻」它，然後賦予它新的看法和詮釋，但要注意的是，不要為了反對而反對。現在假設，讀了寓言〈愚公移山〉的故事後，想試著改變傳統的看法，以下，就按照步驟來進行：

1. 傳統觀念：先找出你想突破的傳統觀念。比如，北山愚公苦於家門前有太形、王屋二山阻攔出路，決定不顧智叟的勸告，率領子孫挖掘土石，決心鏟平二山。一般人多讚揚愚公努力不懈的精神，只要仿效愚公，終能達成目標。

2. 轉換思維：將傳統上讚揚的看法，用客觀的態度來檢視，就能轉換思維。比如，愚公移山的作法其實事倍功半，智叟只是點出事實而已，並不代表智叟反對努力不懈。同時，難度越高的工作，就越需要將精力放對位置。

3. 做出結論：愚公徒有努力不懈的精神，卻不懂得用有效率的方法來做事，這就是愚公之所以為「愚」，而智叟之所以為「智」的原因。

寫翻案文章，對我們的思辨能力是很好的訓練。平日，不妨從閱讀中找出問題，試著解釋故事或文章中的盲點，就是最佳的自我練習。

寫作GO！

〈讀愚公移山〉

世人都稱讚愚公，說他率領子孫挖掘土石，決心鏟平家門前大形、王屋兩座大山，是了不起的事，並且鼓勵人們，只要仿效愚公，終能達成目標。然而仔細想想，經年累月、子子孫孫不間斷的挖掘土石，真的能鏟平大山嗎？這種「土法煉鋼」的方式，其實事倍功半，非常沒有效率。難度越高的工作，不是越需要將精力放對位置嗎？而智叟，才是真正看見問題癥結的人，他只是點出事實，歷來卻被人們當成反派人物，多麼冤枉！所以說，愚公徒有努力不懈的精神，卻不懂得用有效率的方法來做事，這就是愚公之所以為「愚」，而智叟之所以為「智」的原因。

三、寫作練習室

請參考〈讀孟嘗君傳〉和〈讀愚公移山〉，也來寫一篇有趣的翻案文章，按照下面的步驟，寫成兩百五十字左右的短文：

1. 請選擇一則童話或寓言故事，說明傳統對這則故事的看法。

2. 承上題，請針對這則故事提出三個疑問。

✓

✓

✓

3. 轉換思維，請試著指出故事主角的缺失。

4. 再轉換思維，請試著指出故事中反派人物的優點。

5. 請將以上的寫作材料，組織整理成一段短文。

7 歸有光的人物書寫超立體：〈寒花葬志〉

創意小思路

在寫作上，人物有立體和平面的區別。寫平面人物是最粗略、最簡單的，比如說，一個人物被設定成壞人，他的行為就只有殘暴、邪惡、貪婪；好人就只有正義、無私、勇敢。人物不是大壞蛋，就是個大好人。

這種寫法完全脫離了現實，因為在現實中，人性是相當複雜的，所以現在都鼓勵寫作者，要以塑造立體人物為目標。方法就是增加「細節」的描寫，比如說，故事裡沒有完全的壞人，可能只是立場不同而已；也沒有完全的好人，好人也會有貪念，會犯錯而傷害別人。這樣子，故事就會好看許多。

明代的文學家歸有光，在他的〈寒花葬志〉裡，就立體的描寫了一個「憨厚中帶淘氣」的女孩。讓我們深入的閱讀理解，一窺大師的寫作奧祕。

一、閱讀篇

閱讀素養　明—歸有光〈寒花葬志〉

婢①，魏孺人媵也②。嘉靖丁酉五月四日死③，葬虛丘④。事我而不卒⑤，命也夫！

婢初媵時，年十歲，垂雙鬟，曳深綠布裳⑥。一日，天寒，爇火煮荸薺熟⑦，婢削之盈甌⑧。予入自外，取食之；婢持去，不與。魏孺人笑之。孺人每令婢倚几旁飯；即飯，目眶冉冉動⑨。孺人又指予以為笑。

回思是時，奄忽便已十年⑩。吁！可悲也已！

大作家歸有光

歸有光（西元一五〇七年～一五七一年），字熙甫，直隸崑山縣（今江蘇崑山市）人，明代文學家，自號項脊生。與唐順之、王慎中等人均崇尚內容翔實、文字樸實的唐宋古文，並稱「嘉靖三大家」。他擅長描繪日常生活的題材，刻畫細膩生動，真情流露，如〈項脊軒志〉、〈寒花葬志〉等。著作有《震川先生集》。

歸有光有一個愛他的母親，母親雖然在他八歲就去世了，但是對他的人格產生了重要的影響。母親的出身良好，卻不嬌氣，總是用身教告訴子女，寬厚、勤勞、節儉是美德。歸有光進學堂後，母親更重視教育，不允許孩子一天沒去上學，經常督促孩子背誦經典，在母親的影響下，歸有光養成了嚴謹治學的態度。

注釋

①婢：音必，舊稱供使喚的丫頭。
②魏孺人：指歸有光的妻子。孺人，對婦女的尊稱。媵：音硬，古代陪送出嫁的女子和男子。
③嘉靖丁酉：西元一五三七年。嘉靖，明世宗的年號。
④虛丘：地名。作者家鄉江蘇崑山縣東南有丘虛鎮，二字或倒置。
⑤事：侍奉。不卒：沒有做到底。
⑥曳：這裡指拉。裳：古時下身穿的衣服，類似長裙，男女都穿。
⑦爇：音熱，又讀若，焚燒。荸薺：音鼻其，植物名，塊莖皮黑而厚，肉白，可供食用。
⑧盈：滿。甌：盆、盂等瓦器。
⑨冉冉：形容緩慢移動或飄忽迷離的樣子。
⑩奄忽：倏忽、忽然。指時間過得很快。

從〈寒花葬志〉學超立體的人物描寫

寒花，是歸有光的夫人魏氏的陪嫁婢女，去世時只有十九歲，年紀太輕了，沒有太多的事蹟可以寫，所以，作者就選取一、兩件生活上的小事，來悼念寒花。葬志，在文體上屬於碑誌類，是為死者所寫的紀念文字。

文章一開始，就點出了寒花的身分、過世的日期和安葬處所，這是碑誌類必要的內容。而從「媵」字我們知道，寒花是以陪嫁婢女的身分在主人家，地位比一般婢女還重要；加上寒花過世時，魏氏已經去世四年了，本來寒花的隨侍，還可安慰作者對夫人的思念，現在她不幸早逝，更增添了作者的悲傷。

作者在第二段裡面，回憶他對寒花的第一印象。當年她只有十歲，還是小孩的模樣，讓作者印象深刻的是她的髮型與穿著。接著回憶寒花與魏氏、作者之間的日常互動，尤其將焦點放在她削荸薺時的調皮和吃飯的表情，表現她的嬌憨可愛。如果細心一點就會發現，作者不經意的提到了兩次「孺人的笑」，真是時時刻刻不忘記思念夫人。

在這篇文章裡，作者將空間、時間清楚的交代出來。同時，他的描述是立體的、動態的，將當時的情景、氣氛，以及人物的神態傳神的捕捉出來，這種宛如立體投影般的人物描寫方式，值得我們進一步去探索與學習。

故事新編

寒花與夫人的魂魄一直守候著老爺，沒有離開。寒花知道老爺總是思念著夫人。那一晚，窗外的風翻開了老爺的書冊，上頭寫著「寒花葬志」。老爺寫道：「婢女名寒花，是我妻魏孺人的陪嫁丫環，死於嘉靖十六年五月四日，葬在虛丘。她沒能再侍奉我，都是命啊！」其實寒花沒能照護好老爺，才真是愧咎。

老爺又寫道：「寒花來我家時，只有十歲，兩個環狀髮髻低垂，一條深綠色的裙子長可拖地。」寒花當年只是個孩子，來到陌生的地方，要多緊張就有多緊張。老爺又寫了兩件往事：「某天很冷，家裡正在煮荸薺，寒花將已煮熟的荸薺削好皮，盛在小瓦盆中，盛滿了。我剛從外面進來，拿了就要吃，寒花卻立即拿開，不給我。我妻看到就笑了。我妻經常叫寒花靠著桌几吃飯，她一邊吃，兩個眼珠還慢慢的轉。我妻又指給我看，覺得好笑。」寒花回想起來也覺得有趣。

老爺，如今天人永隔，您這十年來的善待，寒花只能感念在心了。

二、寫作觀摩篇

先觀察，開始寫！

讀完了〈寒花葬志〉，你是否也因為作者的深情而感動呢？作者只用了兩件小事，就勾勒出寒花稚氣、嬌憨、逗趣的幾個面貌，讓我們能夠從多角度、立體的，去認識寒花這個女孩。我們也來學這種寫法吧！

首先，從日常生活中最熟悉的人著手，也可以像歸有光那樣，描寫已經過往的人（逝者）。如果想寫立體人物，可以先給這個人物設定兩、三種性格的面向，再用事例來表現。現在，就按照步驟進行：

1. 決定對象：想好你想書寫的人物是誰。比如，這次書寫的對象是小表妹，阿姨的女兒，年紀約四歲。
2. 設定性格：設定人物的性格，最好有點矛盾、複雜，才會越立體。比如，小表妹的個性是好勝心強、害羞、活潑。
3. 第一印象：描述你對人物的第一印象。比如，小表妹有一雙亮而圓的眼睛，上頭壓著兩道有個性的濃眉。

4. 舉出事例：用實例表現人物的個性。比如，玩遊戲時只想贏，不想輸（好勝心）；人多的時候就不敢說話（害羞）；總是喜歡跳著自由的舞蹈（活潑）。

想將人物寫得生動，可以多多運用對話、動作、表情，這樣，讀者的腦海中就容易產生畫面，覺得這樣的書寫相當親切。

寫作GO！

〈我的小表妹〉

小表妹是阿姨的女兒，今年四歲。今天她們來我家玩，門一開，我就看到表妹那雙亮而圓的眼睛，上頭壓著兩道有個性的濃眉。

我不禁想起以前的事。有一天，我跟阿姨帶小表妹去水池玩水，表妹拿水槍噴我們，不斷的咯咯笑；輪到我們拿水槍噴她，她卻哇哇大哭，這樣反覆三次。阿姨笑說：「真是個好勝心強的孩子！」小表妹最近迷上電影《冰雪奇緣》，常常在家裡跟著電影唱歌跳舞，還要求我們一定要捧場欣賞，如果不認真看她表演，她就會嘆一口氣，皺著濃眉幽怨的說：「難道你們不愛我了嗎？」

雖然小表妹很活潑，但是在不熟的人面前，卻不敢說話，她會低著頭，兩手交握，用大眼睛偷眼看人，又害羞、又俏皮的樣子，真的很可愛。

三、寫作練習室

請參考〈寒花葬志〉和〈我的小表妹〉，來塑造一個立體人物，按照下面的步驟，寫成三百字左右的短文：

1. 請決定你想書寫的對象，說明他的年齡和與你的關係。

2. 請為主要人物設定三種性格的面向，最好有點矛盾、複雜。

3. 可以加上次要人物，說明他的身分、與你和主要人物的關係。

4. 寫出你對主要人物的第一印象，對於他的長相、穿著要加以描寫。

5. 請用實例來表現主要人物的個性，要有動作和表情才會生動。

6. 請將以上的寫作材料，組織整理成一段短文。

卷二

創意思考逆轉術

8 韓愈用詼諧、諷刺，替「毛筆」寫傳：〈毛穎傳〉

創意小思路

擬人是常見的修辭法，將不是人的「物」加上人的特徵後，就擁有了人類的語言、動作、能力、情感與思想。這是一種輕鬆活潑的表現方式。成功的運用擬人，往往能出其不意的展現創意的亮點，吸引大家的注意。

許多寓言故事和卡通動漫都會用擬人法，創造詼諧幽默的效果。比如迪士尼的動畫《冰雪奇緣》中，那令人印象深刻的「雪寶」，是由艾莎女王創造出來的雪人，他活潑可愛、妙語如珠，是觀眾最喜愛的吉祥物。

寫故事用擬人法，能點鐵成金，簡單的故事也會變得生動有趣。現在，我們就來欣賞韓愈的〈毛穎傳〉，學習用擬人法說故事。

一、閱讀篇

閱讀素養　唐─韓愈〈毛穎傳〉重點節錄

穎為人，強記而便敏①，自結繩之代以及秦事②，無不纂錄③。陰陽、卜筮、占相、醫方、族氏、山經、地志、字書、圖畫、九流、百家、天人之書，及至浮圖、老子、外國之說④，皆所詳悉。又通於當代之務，官府簿書⑤、市井貸錢註記⑥，惟上所使。自秦皇帝及太子扶蘇、胡亥、丞相斯、中車府令高⑦，下及國人，無不愛重。又善隨人意，正直、邪曲、巧拙，一隨其人；雖見廢棄，終默不洩⑧。惟不喜武士，然見請，亦時往。累拜中書令⑨，與上益狎⑩，上嘗呼為「中書君」。上親決事，以衡石自程⑪，雖官人不得立左右，獨穎與執燭者常侍，上休方罷。穎與絳人陳玄⑫、弘農陶泓⑬，及會稽褚先生友善⑭，相推致⑮，其出處必偕⑯。上召穎，三人者不待詔，輒俱往⑰，上未嘗怪焉。

大作家韓愈

韓愈（西元七六八年～八二四年），字退之，河南河陽（今河南孟州）人，世稱韓昌黎；晚年任吏部侍郎，又稱韓吏部。諡號文，世稱韓文公。唐代文學家，與柳宗元推行古文運動，合稱「韓柳」。蘇軾稱讚他「文起八代之衰，道濟天下之溺」，指韓的古文提振了漢末以來委靡的文風。著作收於《昌黎先生集》。

關於韓愈有個小故事。在潮州的江中有很多鱷魚，是當地的大害，許多過江的人都被牠們吃了。韓愈被貶到潮州擔任刺史時，為此憂心不已，於是下令準備祭品，親自去江邊設壇祭鱷，朗讀他撰寫的〈祭鱷魚文〉，限鱷魚七天內離開，否則就要對付牠們。從此，潮州再也沒有發生過鱷魚吃人的事情了。

注釋

①強記：記憶力特強。便敏：便利敏捷。

②結繩：上古無文字，以繩作結為記事的方法。

③纂：編輯。

④陰陽：陰陽家的書。卜筮：占卜的書。占相：教人看面相的書。族氏：族譜類的書。山經：地理類的

書。地志：方誌類的書。九流：各學術流派。百家：諸子百家。天人之書：講天道人事的書。浮圖：佛教的書。

⑤官府簿書：官方的文書。

⑥市井貨錢註記：商人交易時做紀錄的帳簿。

⑦丞相斯：指李斯。中車府令高：指趙高。

⑧終默不洩：始終不曾洩漏書寫過的內容。

⑨累拜：屢次升遷。中書令：職官名。中書省的長官，掌傳宣詔命。

⑩上：指皇上。狎：音俠，親近。

⑪以衡石自程：皇帝每天親自審閱公文，以石來秤重限量。石，音但，重量單位。

⑫絳人陳玄：指墨。唐時絳州（今山西絳縣）貢墨，墨越陳舊越好，故假託姓陳。玄，黑色。

⑬弘農陶泓：指硯。唐時虢州弘農（今河南靈寶縣）貢瓦硯，瓦硯是陶土燒製的，故假託姓陶。硯中盛水，故取名泓。

⑭會稽楮先生：指紙。唐時越州會稽（今浙江紹興）貢紙，紙以楮木為原材料，故假託楮先生。

⑮相推致：互相推崇對方。

⑯出處必偕：必定一起出動。指筆墨紙硯一起使用，缺一不可。

⑰輒：音折，就。

從〈毛穎傳〉學超詼諧的擬人法

這篇散文有趣的地方，是完全模擬《史記》，將毛筆當成人類，為它寫傳記。內容根據毛筆的製作、使用和丟棄來寫，卻將毛筆改成「毛穎」，寫他的家世、得到重用和被皇帝拋棄的過程，趣味之餘，更有諷喻的意味。

文章共分成五段，這裡節錄的是第三段。在第一、二段中，寫毛穎的家世，說他的祖先是兔子，有神力，祖先的毛被拔下來獻給秦始皇，後來逐漸得到恩寵，管理事務。第三、四段則是重頭戲，寫毛穎被皇帝重用與拋棄的過程。

作者將毛筆的特性，轉化為毛穎的長處，說他的記憶力強，所有的事都能記錄下來，各種書籍也能記載無誤；他又能跟各種人相處，因此和皇帝親近，受到重用。但是當他老了、禿了，就被皇帝拋棄。其中最有趣的，是寫毛穎的三個好友：陳玄、陶泓、褚先生，他們其實是墨、硯和紙的化身。

最後模仿《史記》的「太史公說」，批評秦始皇對待毛穎薄情寡義，意在言外。全文集諷刺、詼諧、敘事、說明、議論於一身，讀起來相當賞心悅目。

故事新編

毛穎面對書架、桌上和地上成堆的書，不慌不忙的提起筆來，著手編纂。他要處理的書實在太多了，包括陰陽、卜卦、相術、醫療、族譜、山川的記載、地誌、字和書法、圖畫、三教九流、諸子百家等天下的書，乃至佛學、老子、外國的各種學說，全都要詳細的記錄，非得博學強記才能勝任。

毛穎專為皇帝服務，從秦始皇到太子扶蘇、胡亥、丞相李斯、中車府令趙高到百姓，沒有人不愛他的。他又隨和，不管是面對正直、邪惡、委婉、巧妙、拙樸的人，都有相處之道，只有一點：他不喜歡武士！但是如果有武士請他相見，他還是不會推辭，看他是多麼隨和。

毛穎擔任中書令，跟皇帝頗為親近，皇帝每天親理政事、批公文，連宮裡的人都不能站他旁邊，只有毛穎和拿燭火的僕人能在旁侍奉。毛穎有三個知己，他們是陳玄、陶泓和褚先生，他們互相推崇，總是同進同出，皇帝召見毛穎，四個人一起出現，皇上也不會怪罪，可見他有多麼受到重用。

可惜儘管皇恩浩蕩，毛穎老了仍不免被棄用，令人不勝唏噓！

二、寫作觀摩篇

先觀察，開始寫！

讀過這麼特別的〈毛穎傳〉後，讓人忍不住也想要模仿，為非人類的物品寫一篇有趣的傳記。寫作前要先思考幾個問題，其中最重要的問題是：你最熟悉、最喜歡的物品是什麼？所有內容都圍繞著它發揮：

1. 你想寫的物品是什麼？↓決定寫作對象。比如圓規，諧音袁瑰。
2. 物品的外型有什麼特色？↓描寫人物的外型。比如說她的腿很長，態度冰冷。
3. 物品有什麼用途？↓說明人物具備的能力。比如說她會用單腳轉圈圈。
4. 物品被用到最後會怎樣？↓敘述人物的遭遇。比如說袁瑰老了不能再跳舞。
5. 同類型的物品還有哪些？↓寫出人物的死黨好友。比如藍筆和擦布。

記得，一定要先對你想描寫的對象，有一番細膩、透澈的認識，這些將是你發揮想像、轉化擬人的基礎。現在就來腦力激盪！

寫作GO！

〈袁瑰傳〉

袁瑰是一位芭蕾舞者，在眾多知名的女舞者當中，她的外貌無疑相當出色。她擁有小巧的臉蛋和精緻的五官，但臉上的表情總是很冰冷，月光照在她的臉龐上，彷彿能散發出銀光，使她的冷淡看來既高貴又典雅。

當袁瑰在舞台上翩然起舞，瞬間就能吸引眾人的目光。她用一隻腳的腳尖站立，筆直的支撐身體的重量，看來舉重若輕。她將另一條腿高高舉起，再放下、一勾，就開始轉起圈來，一圈、兩圈、三圈……隨著音樂的旋律，她轉了無數個圈，所有觀眾都忍不住為這高超的舞技起立鼓掌，掌聲久久不絕。

然而再好的舞者也會老，袁瑰的腿因為長期跳舞而變形，就不再站上舞台了。她當然感到失落，幸好有兩個好友：藍彼和查布陪伴著她。

三、寫作練習室

請參考〈毛穎傳〉和〈袁瑰傳〉，用擬人法為某樣物品寫傳記，寫成三百字左右的短文：

1. 決定你想寫哪個物品，把它想像成人物，為他取個名字。

2. 找出物品的外型特色，把它轉化成人物的外型，再描述出來。

3. 想一想這個物品的功能，把它轉化成人物的特殊專長。

4. 回想人們對這個物品的使用習慣，把它轉化成人物的遭遇。

5. 這個物品若有其他同類型的物品，可轉化成人物的朋友，並取個名字。

6. 請將以上的寫作材料，組織整理成一則人物傳記。

9 劉禹錫說，金窩、銀窩都不如我的窩：〈陋室銘〉

創意小思路

寫文章最怕太直白、太簡略，比如說，講一個人的個性外放，直接說他：「小林的個性活潑大膽。」這樣讀來，未免太缺乏藝術的美感。

一位高明的寫作者，會用各種具體可見的材料來塑造人物。想從穿著打扮來表現他的「新潮」，就寫他「穿著鮮黃色的上衣，搭配故意洗刷出破洞的牛仔褲」；想表現他的「大膽」，就寫他「經常從事極限運動，在烈日下揮灑汗水」；想把他塑造成一個「內向」的人，就描寫他家裡「安靜得連根針掉下來都聽得到」。

環境的描寫就是有這樣的效果，像是房間的裝潢、陳設、氣氛，都可以用來表現主角的生活習慣、個性和人品。幫筆下的人物，設計符合他們形象的房子，就能成功的塑造人物形象。我們就先來看看古文的示範！

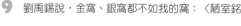

一、閱讀篇

閱讀素養　唐—劉禹錫〈陋室銘〉

山不在高，有仙則名①；水不在深，有龍則靈②。斯是陋室③，惟吾德馨④。苔痕上階綠⑤，草色入簾青⑥。談笑有鴻儒⑦，往來無白丁⑧。可以調素琴⑨，閱金經⑩。無絲竹之亂耳⑪，無案牘之勞形⑫。南陽諸葛廬⑬，西蜀子雲亭⑭。孔子云：「何陋之有⑮？」

大作家劉禹錫

劉禹錫（西元七七二年～八四二年），河南洛陽人，字夢得，唐朝著名的詩人，中唐文學的代表人物之一。擅長寫詩，風格樸實流暢，受到當時許多詩人及大眾的喜愛。與白居易友好，白居易稱他為「詩豪」，並稱「劉白」。

劉禹錫在政治上得罪了權貴，被貶為和州刺史，按規定應該住三間三廈的屋子。知縣刁難他，讓他面對大江而居，但他不埋怨，還寫詩讚美。知縣氣極了，又讓他搬家，並由三間改為一間半，劉禹錫又寫詩讚美新家。知縣最後只給他一間房，只能容下一床、一桌、一椅，於是他寫下了不朽的〈陋室銘〉。

注釋

①名：有名。
②靈：靈異。
③斯：此。陋室：簡陋的居室。
④惟：只是。馨：芳香。
⑤上：綠苔長滿台階。
⑥入：映入。
⑦鴻儒：學問淵博、品德高尚的人。
⑧白丁：平民。
⑨調：彈。
⑩金經：用泥金書寫的佛經。
⑪絲竹：泛指音樂。
⑫案牘：公務文書。
⑬諸葛廬：三國諸葛亮的草廬。
⑭子雲亭：西漢文學家揚雄的住宅。

⑮何陋之有：出於《論語．子罕》，子曰：「君子居之，何陋之有！」

從〈陋室銘〉學超傳神的環境書寫

這是一篇藉著描述「陋室」以自比的文章。作者在和州任職，閒暇之餘就住在陋室從事創作，沉浸在藝文生活，這篇文章寫的是他居住時的種種。

仔細觀察文章的層次安排，就能學到作者的寫作手法。文章一開始先寫房子周邊的風景，說山水「有仙」、「有龍」，房子位在這種脫俗的地方，自然不同凡響。再帶出文章的主旨，說自己雖然住在陋室，卻有良好的德行。

接著，文章聚焦在描述陋室本身。先寫景物，描繪房子附近的青苔營造出來的一片綠景。再寫人物，描述作者與親友在房子裡的往來活動，用其他人來襯托作者。然後才是敘述事件，用彈琴、讀書的藝文活動，表現他的生活品味。這些描述加起來，一個隱士的生活面貌，就傳神生動的呈現在我們面前了。

最後作者還借用典故，以諸葛亮和揚雄來和自己相比。結尾引用孔子的話，暗示住在陋室的人是個「君子」，用最不著痕跡的方式讚美自己。

故事新編

劉禹錫點起桌上的一爐香，在香煙繚繞中撫琴，琴音委婉纏綿，似乎有說不盡的老故事，都是一些人生的故事。

這是一間簡陋的房屋，但是環境襯托出它的不凡，就好比山不一定要高，有仙人居住就會名聲遠播；水不一定要深，有蛟龍潛居就有靈氣。這座簡陋的房子，也因為劉禹錫擁有好的德行，而讓人感到美好。

看看四周：階梯長滿了鮮綠色的苔蘚，青翠的草色映入了窗簾。屋子裡，有學問淵博的儒者在談笑，往來這裡的客人，沒有一個是粗鄙的人。他們在這裡彈奏古琴，閱讀佛經。沒有嘈雜的音樂擾亂耳朵，也沒有繁多的公文勞累身心。就像南陽諸葛亮住的草廬，西蜀揚雄讀書的子雲亭。孔子說：「有什麼簡陋的呢？」

二、寫作觀摩篇

先觀察，開始寫！

欣賞完〈陋室銘〉以後，讓我們更了解劉禹錫心中嚮往的生活方式。他居住陋室，卻能這樣安頓自己的心靈，讓人佩服不已。文章特別的地方，就是描述屋子，同時也是反映人品，很值得我們仿效。我們可以模仿他的寫法，也來寫一篇「小屋物語」，描述自己居住的房子。請按照順序回答下面的問題：

1. 房子位在哪個地方？（答：淡水）
2. 房子周邊最美的風景是什麼？（答：夕陽）
3. 從窗戶可以看到什麼美景？（答：灑進屋內的夕陽和窗外的綠樹）
4. 哪些人常來房子？（答：詩社的同學）
5. 你經常在房子裡從事什麼活動？（答：創作、看電影、聽音樂）
6. 在房子裡時，沒有什麼干擾你？（答：俗務、是非）
7. 你最崇拜哪些名人？（答：李清照、吳爾芙）

8. 這間屋子，讓你想到什麼名言或詩詞典故？（答：蘇軾的「腹有詩書氣自華」）

要先想好，你想要藉著屋子表現自己的什麼人格特質？寫作時，每一個細節都要緊扣著人格特質去設計才好。現在就來試試看吧！

寫作GO！

〈小屋物語〉

太陽懶懶的翻了身，在雲後隱沒了，留下淡金色的光，淡水的夕陽照在我家的小屋上。這是一間布置簡單的房屋，但頗能呼應我的喜好。

夕陽從百葉窗的縫隙灑進來，窗外的樹，舒枝展葉，綠得那樣透澈。屋內有幾個詩社的同學，有的討論名家的詩作，有的低聲吟哦自己的作品，除了他們，很少有閒人來這裡。我們在屋子裡創作、聽音樂或看電影，沒有俗務的煩惱，也沒有是非的干擾。就像我們最景仰的女作家李清照與吳爾芙那樣，過著充實的精神生活。正如蘇軾所說：「腹有詩書氣自華。」

三、寫作練習室

請參考〈陋室銘〉和〈小屋物語〉，也來寫自己的房間，寫成兩百字左右的短文：

1. 分析一下自己的個性和人格特質。

2. 說明你想寫的是哪一間房屋？對房屋有什麼感情？

3. 請回答下面八個問題：

✓ 房子位在哪個地方？寫出縣市或地名。

✓ 房子周邊最美的風景是什麼？請描述出來。

✓ 從窗戶可以看到什麼美景？請描述出來。

✓ 哪些人常來房子？

✓ 你經常跟親友在房子裡從事什麼活動？

✓ 在房子裡時，沒有什麼干擾你？

✓ 你最崇拜哪些名人？

✓ 住在這間屋子，讓你想到什麼名言或詩詞典故？

4. 簡單描述這間屋子裡面的家具和擺設。

5. 請將以上的寫作材料，組織整理成一段短文。

10 柳宗元讓你的敵人變友人：〈敵戒〉

創意小思路

通常我們看問題，往往按照自己原本習慣的方式思考，有時候不免僵化，失去創意，這時可以嘗試用「逆向思考」，打破框架，創新思路！

逆向思考的祕訣很簡單，只要轉換方向看問題就好。比如說，一般都認為敵人對我們有害，恨不得消滅或者遠離，但是逆向思考告訴我們：敵人的存在也是有好處的，從這個角度去看，說不定能夠從對方的身上學習。

先秦的哲學家老子最懂得逆向思考，他認為「柔弱勝剛強」，比如草木茂盛時很柔軟，腐朽時就變脆、變硬；有生命力的事物永遠是柔軟的，柔軟才能向前發展。現在，就來讀柳宗元的〈敵戒〉，體會逆向思考的奧妙。

一、閱讀篇

閱讀素養　唐—柳宗元〈敵戒〉

皆知敵之仇①，而不知為益之尤②；皆知敵之害，而不知為利之大。秦有六國，兢兢以強③；六國既除，訑訑乃亡④。晉敗楚鄢，范文為患⑤；厲之不圖，舉國造怨⑥。孟孫惡臧，孟死臧恤⑦，「藥石去矣，吾亡無日」。智能知之，猶卒以危⑧，矧今之人⑨，曾不是思⑩！

敵存而懼，敵去而舞，廢備自盈⑪，祇益為痡⑫。敵存滅禍，敵去召過。有能知此，道大名播。懲病克壽⑬，矜壯死暴⑭；縱欲不戒，匪愚伊耄⑮。我作戒詩，思者無咎⑯。

大作家柳宗元

柳宗元（西元七七三年～八一九年），字子厚，河東（今山西運城）人，唐代文學家，唐宋八大家之一。參加永貞革新失敗後，被貶為永州司馬，終生皆被貶外放。擅長寫遊記，有《永州八記》；又擅長寓言體，有〈三戒〉等諷刺小品。著有《柳河東集》。與韓愈同為中唐古文運動的主要人物，並稱「韓柳」。

柳宗元被貶官到永州當刺史，心情陷入低潮，就到附近的山野遊玩。有一次他到冉溪，看到美景如畫，非常喜歡，就在那裡定居下來。他想為這個地方取名字，想來想去，決定取「愚」字：溪稱為愚溪，丘稱為愚丘，泉稱為愚泉，溝稱為愚溝，表示自己是因為「愚」而被貶官，用「愚」作為人生的注腳。

注釋

①仇：可恨。
②尤：非常。
③兢兢：音經，小心謹慎的樣子。
④訑訑：音疑，傲慢自信，不聽人言的樣子。
⑤晉敗楚鄢二句：晉軍大敗楚軍於鄢陵，范文子憂慮。
⑥厲之不圖二句：晉厲公不用范文子的意見，以至全國民怨沸騰。
⑦孟孫惡臧二句：孟孫速厭惡臧孫紇，結果孟死，臧感到憂慮。
⑧智能知之二句：聰明賢能的范文子、臧孫紇懂得敵人能帶來利益，最後還可能遭到危害。
⑨矧：音審，何況。
⑩曾：竟然。

⑪廢備自盈：解除戒備，自滿自足。
⑫痡：音癒，病，引申為災禍。
⑬徼病：預防疾病。
⑭矜壯：自恃強壯。矜，音今。
⑮匪愚伊耄：不是愚笨，就是老糊塗。匪：非。耄，音冒，昏亂。
⑯咎：過失，災禍。

從〈敵戒〉學超強的「逆向思考」

〈敵戒〉是柳宗元被貶官的後期寫的。「戒」是一種文體，用來警告、提醒人們，大多是用韻文寫成。文章提醒我們：敵人雖然有害，不過如果因為敵人的存在，讓我們時時警惕自己、奮發圖強，就可以「轉害為利」。

第一段開門見山的破題，說一般人只知道敵人的可恨，卻不知道對我們也有好處，這是立論的基礎。第二段舉了三個歷史上的例子，分別是秦與六國、晉國與楚國、孟孫速與臧孫紇，從他們的敵對關係，去分析、說明敵人存在的好處，同時也讓我們知道，失去競爭對手後，放鬆、懈怠會帶來什麼壞處。

最後提醒大家，聰明、賢能如范文子、臧孫紇等人，很清楚敵人能帶來的好處，但是他們都還不免遭到一些危害，何況有些人根本連這個道理都不懂。

在結尾的地方，還用了對比的手法，點出一般人的盲點：敵人存在時戒慎恐懼，敵人一旦去除了，就不免得意忘形，結果招來更大的災禍。到頭來，只有那些真正懂得「以敵人為戒」的人，才能獲得成功、聲名遠播。

故事新編

柳宗元闔上了書本，深深嘆了口氣，這本史書，記載著前人的經驗教訓。他感嘆，人們只知道敵人可恨、有害，卻不知道也能帶來極大的好處！

他再度翻開書頁，上頭明明白白寫著：秦朝與六國為敵時，國家兢兢業業的強盛起來，但滅了六國後，秦朝驕傲自滿，很快就滅亡。當時晉軍大敗楚軍於鄢陵，大夫范文子卻主張後退，他擔心晉國勝利之後就驕傲，所以要求放過楚軍，這樣晉國才會發憤圖強。可惜晉厲公沒有採納，結果全國怨聲載道。魯國的大夫孟孫速討厭臧孫紇，後來孟孫速死了，臧孫紇卻感到憂慮，他說：「孟孫速就像能治我疾病的藥，現在藥沒了，我也活不久了。」

柳宗元搖了搖頭，心想，賢才懂得敵人能帶來的好處，還可能遭遇危害，更何況今日一般人，對這個道理竟一無所知啊！

二、寫作觀摩篇

先觀察，開始寫！

讀完了〈敵戒〉，熟悉逆向思考的用法後，我們就來模仿柳宗元的寫法和看事情的角度，也寫一篇提醒自己「擁有敵人能夠帶來好處」的文章。

想一想，你的人生中有哪三個「敵人」？這個敵人不一定是人類，也許是某些個性或習慣。再用逆向思考，將「敵人」以及它們的好處列出來：

1. 第一個敵人是「沒自信」。↓但因為這樣，我凡事都做充分的準備。
2. 第二個敵人是「內向」。↓但因為這樣，我沉著專注，不容易分心。
3. 第三個敵人是「個子太矮」。↓但因為這樣，就算天塌下來也有高個子頂著。

最後，再寫幾句「結語」，就完成一篇好文章了！是不是很簡單呢？

寫作GO！

〈敵人，真好！〉

一般人都知道敵人有多可恨，卻不知道它到底有多可愛！

我的人生中有三個敵人困擾著我，恨不得消除它們才好。但是仔細想想，有它們的存在，對我還是很有好處的。第一個敵人是「沒自信」，害我不敢上台講話，但因此使我事先都做充分的準備。第二個敵人是「內向」，害我很少交朋友，但因此使我沉著專注，不容易分心。第三個敵人是「個子太矮」，害我挺自卑，但因為這樣，就算天塌下來也有高個子頂著！

等我想通這個道理，敵人就不再是敵人，而是我最好的朋友。

三、寫作練習室

請參考〈敵戒〉和〈敵人，真好！〉，運用逆向思考來構思，寫成兩百字左右的短文：

1. 開頭先解釋題目，用兩三句話說明為什麼有敵人是一件好事？

2. 想一想，你人生中有哪三個「敵人」，將他（它）們列舉出來。

3. 針對這三個「敵人」，寫出他（它）們帶給你的困擾。

4. 用逆向思考，針對這三個「敵人」，寫出他（它）們帶給你的好處。

5. 為文章想出一個結語或感想，兩三句話就可以。

6. 請將以上的寫作材料，組織整理成一段短文。

11 歐陽脩和他的秋日交響曲：〈秋聲賦〉

創意小思路

描寫聲音向來不容易，聲音很抽象，能夠聽見，但不容易用文字描述出來，要借用具體的事物來譬喻，才能想像聲音的「樣子」。

而譬喻句是否有創意，關鍵就在於喻依。比如「書本就像降落傘，打開來才能發揮作用」，喻依是「降落傘」，好像跟書本沒有關連，但是用「打開」來補充說明，就有畫龍點睛之妙。可見比喻的兩個事物之間越沒關連，越能帶來驚喜。

古代的散文家如白居易、蘇軾、歐陽脩，都是善於用譬喻形容聲音的高手。白居易曾在〈琵琶行〉寫琵琶聲：「大弦嘈嘈如急雨，小弦切切如私語。嘈嘈切切錯雜彈，大珠小珠落玉盤。」蘇軾在〈赤壁賦〉寫洞簫聲：「其聲嗚嗚然，如怨如慕，如泣如訴。」都是相當美妙生動的譬喻。現在，我們就來深入理解〈秋聲賦〉的精采片段，欣賞歐陽脩對聲音的出色描述。

一、閱讀篇

閱讀素養　北宋─歐陽脩〈秋聲賦〉重點節錄

歐陽子夜讀書①，聞有聲自西南來者，悚然而聽之②，曰：「異哉③！初淅瀝以蕭颯④；忽奔騰而砰湃⑤。如波濤夜驚，風雨驟至。其觸於物也⑥，鏦鏦錚錚⑦，金鐵皆鳴。又如赴敵之兵，銜枚疾走⑧。不聞號令，但聞人馬之行聲。」

大作家歐陽脩

歐陽脩（西元一〇〇七年～一〇七二年），字永叔，號醉翁。吉州廬陵（今江西省吉安市）人，北宋文學家。他的貢獻是領導宋代的古文運動，成功改革晚唐五代以來內容空洞的文風，確立重道、重文的觀念，使古文復興。

歐陽脩在文學上有不凡的成就，過程其實非常勵志。據說，歐陽脩小時候家貧，買不起書本，偶然在隨州城南的李家借到了藏書，還在李家的舊紙簍中撿到了一本殘缺不全的韓愈文集，如獲至寶。經過苦心的閱讀，吸取韓文的精華，他深受韓愈的影響，立志要與韓愈並駕齊驅，成為新時代的文魁。

注釋

①歐陽子：歐陽脩自稱。
②悚然：恐懼的樣子。
③異哉：奇怪啊！
④淅瀝：狀聲詞，細雨聲。蕭颯：秋風勁瑟。
⑤奔騰：原指馬奔跑聲，這裡形容風刮的聲音。砰湃：現作「澎湃」，原指波濤相擊的聲音，這裡指風聲。
⑥觸：碰撞。
⑦鏦鏦錚錚：金屬碰擊的聲音。
⑧銜枚：古代行軍襲敵時，令軍士把箸橫銜在口中，以防喧嘩。

從〈秋聲賦〉學超動聽的聲音描寫

北宋嘉佑四年（西元一〇五九年），歐陽脩辭掉開封府尹的職務，有了歸隱田園的念頭，主要是他認為，自己在政治上不能有所作為，編修《新唐書》也讓身體不堪負荷。這天秋夜，他聽見呼嘯而過的風聲，感嘆萬物的凋落與衰老，就寫下了這篇〈秋聲賦〉，在字裡行間抒發悲秋的心情。

這裡摘錄的是〈秋聲賦〉最精采的第一段，作者的筆墨全用來描述秋風的聲音。他用一連串的比喻，比如波濤、風雨、金鐵、銜枚疾走、人馬之行聲等等，將秋風的聲音由遠而近、由小而大的特點形容出來，巧妙的掌握了動態的變化。這也表現出來，他對風聲的觀察有多麼細膩。

在閱讀文章時，也不要忘記，聲音往往能反映作家的心境。波濤、風雨，反映作者內心的不平靜；金鐵、銜枚疾走、人馬行聲等戰場上的聲音，則是反映他對外界的感受，自然讓我們聯想到，這是呼應歐陽脩在政治上遭遇的困境。情景的交融與相映，就是這篇文章的精妙之處，也值得我們品讀與仿效。

故事新編

在某個深秋的夜晚，歐陽子正在家中讀書，忽然聽到一種聲音從西南方傳來。他感到驚訝，於是仔細的聆聽，忍不住說：「好奇怪啊！」

這聲音起初聽來，只是淅淅瀝瀝、蕭蕭颯颯的，忽然間就如快馬般奔騰，又如浪濤般澎湃翻滾。有時聽起來像夜裡洶湧的驚濤駭浪，又像狂風暴雨突然來襲。當這陣風撞擊到物體時，發出鏦鏦錚錚的聲音，就像銅器、鐵器互相擊打，又像到前線作戰的軍隊，士兵們嘴裡含著一根小棒，安靜的迅速前進，這時完全聽不到號令，只聽到人馬行進的細碎聲音。

歐陽子聽得出了神，心靈也隨著聲音起伏，一會兒激昂，一會兒沉鬱，彷彿他的靈魂已經與外面的聲音合而為一。

二、寫作觀摩篇

先觀察，開始寫！

讀完了這段〈秋聲賦〉，我們也用譬喻法寫一段文字，來描述秋風的聲音。在下筆前，先問問自己，寫作當下的心境是如何？感覺愉快還是鬱悶？如果是愉快，在描述時，就不妨多用明朗的事物來反映昂揚的心境：

1. 寫作對象：秋風。
2. 心情感受：指下筆當下的心情。比如說主角非常愉悅。
3. 決定喻依：指形容秋風的事物。比如貓的腳步、山間的溪流、水中的小冰塊、風的聲音、拍擊鈴鼓、交響樂等。

這些讓人聽來感覺愉快的聲音書寫，總結起來，就是你當下聽見風聲的心境了。現在，讓我們來寫一段關於「秋風的聲音」吧！

寫作GO！

〈秋風的聲音〉

我在夜裡讀書，聽到窗外傳來風的聲音。起初像貓的腳步那樣輕，窸窸窣窣，細細碎碎的，又像山間的溪流潺潺而過，水中還有小冰塊輕輕相擊，叮咚有聲。風兒吹動枝葉，一陣一陣規律的節奏，像拍擊鈴鼓的聲音，讓人禁不住想隨之起舞。只聽風聲越來越響，彷彿在演奏交響樂，所有的樂器浩浩蕩蕩的同時響起，聲勢浩大！秋風的聲音是音樂飄飄、舞姿翩翩的聲音。秋天，真是一個動聽的季節！

三、寫作練習室

請參考〈秋聲賦〉和〈秋風的聲音〉，也來書寫你喜歡的聲音，寫成兩百字左右的短文：

1. 決定你想描述的是什麼聲音，來源可以是生活周遭，或是自然界。

2. 將聲音的強度分成小、中、大三個階段，分別用譬喻法來描述：

✓ 剛開始最小聲時：

✓ 大聲了一些：

✓ 最大聲時：

3. 當這個聲音的來源撞擊物體時，會發出什麼聲音？用譬喻法來描述。

4. 聽了這些聲音以後，你有什麼感想？

5. 請將以上的寫作材料，組織整理成一段短文。

12 向蘇軾學習寫思辨哲理文：〈前赤壁賦〉

創意小思路

所有優秀的作品，都是作者深入生活、體驗生活，有了深刻感悟的結果。一般人寫作，往往不是缺少題材，而是缺少「發現」。一些生活現象看起來平常，但當你了解它的詳情，加以思考，就會發現其中包含著智慧的光芒。

哲理的寫作其實也需要創意。有人看見清風、明月，想到的只是美景和舒適的感受。但有創意的人就會想到，清風、明月來自大自然，人類的壽命有極限，自然界卻能亙古久遠的守護著我們，往這方向一想，哲理就自然湧現了。

文學界的全才蘇軾，在好久以前，就以〈前赤壁賦〉向我們展現，他擁有一個不平凡的創意頭腦。讓我們閱讀這篇文章，向蘇軾學習創意！

一、閱讀篇

閱讀素養　北宋─蘇軾〈前赤壁賦〉重點節錄

蘇子曰①：「客亦知夫水與月乎②？逝者如斯③，而未嘗往也；盈虛者如彼④，而卒莫消長也⑤。蓋將自其變者而觀之⑥，則天地曾不能以一瞬⑦；自其不變者而觀之，則物與我皆無盡也；而又何羨乎？且夫天地之間，物各有主；苟非吾之所有⑧，雖一毫而莫取。惟江上之清風，與山間之明月，耳得之而為聲，目遇之而成色；取之無禁，用之不竭；是造物者之無盡藏也⑨，而吾與子之所共適⑩。」

大作家蘇軾

蘇軾（西元一〇三七年～一一〇一年），字子瞻，號東坡居士，眉州眉山（今四川省眉山市）人，北宋著名的文學家、政治家、藝術家。官至端明殿學士兼翰林學士、禮部尚書。他在散文、詩、詞、賦都有極高的成就，也擅長書法和繪畫，是文學藝術史上的通才。有《東坡先生大全集》及《東坡樂府》流傳後世。

蘇軾有不少趣聞都與佛印禪師有關。有一天，蘇軾做了一首詩：「稽首天中天，毫光照大千，八風吹不動，端坐紫金蓮。」讓書僮帶給佛印看。佛印就批了「放屁」二字，請書僮帶回去。蘇軾見後大怒，立即過江責問佛印。佛印卻大笑說：「學士，學士，您不是『八風吹不動』嗎？怎麼一『屁』就打過了江？」

注釋

① 蘇子：指蘇軾。子：對男子的美稱，多指有學問、道德或地位的人。
② 夫：文言文中用於句中，無義。
③ 逝者如斯：指時光、事情的消逝，就像流水一般迅速。
④ 盈虛：指月的圓缺。
⑤ 卒：終究。消長：減少與增加。
⑥ 蓋：發語詞，提起下文，無義。
⑦ 曾：音增。這裡「曾不」連用，意思是「乃」，副詞，有加強否定語氣的作用。一瞬：一眨眼，比喻時間的短暫快速。
⑧ 苟：如果。
⑨ 無盡藏：無窮的寶藏。
⑩ 適：舒服，自得。引申為享受。

從〈前赤壁賦〉學超有哲理的寫法

〈前赤壁賦〉的創作時間，是宋神宗元豐五年（西元一〇八二年）七月。蘇軾被貶官到黃州時，與賓客前往赤壁遊歷，看見天地的壯闊，有感而寫下了此賦。但是蘇軾誤認黃州的赤壁為三國時期的赤壁，所以在文中提到周瑜、曹操。從文章傳達的哲思中，我們可以看到，蘇軾雖然遭逢貶謫，心胸仍然保持豁達。

這裡節錄的是文章的第四段。在第三段中，客人見了赤壁的壯麗，感傷人類如蜉蝣般渺小的生命，知道想與神仙一起遨遊是不可能的，因而感嘆：「託遺響於悲風。」面對這種悲觀的情緒，作者在第四段則用另一種觀點來跳脫，他認為，大自然無窮無盡，我們一同在大自然尋求精神寄託，就得到了解脫。這種豁達，讓客人轉悲為喜，也讓我們看見作者的人生智慧。

閱讀〈前赤壁賦〉，我們學到：生活周遭的一切事物，都蘊含了處世的智慧，只要你獨具慧眼，清風、明月都可以帶給我們啟發。

故事新編

蘇先生與客人在赤壁泛舟遊賞，只見月亮從東邊的山頂緩緩升起，在斗牛星宿之間移動；白霧籠罩在江面上，如煙似霧的景象，好不美麗！

客人突然感傷：「想到當年曹操、周瑜在赤壁爭霸，現在又在哪裡？我們的生命這麼短促，想和神仙一起遠遊，是不可能的，只能把感傷寄託給秋風。」

蘇先生微微一笑，說道：「你知道水與月嗎？水不斷的流，沒有逝去；月不斷的圓、缺，沒有增減。要是從『變』來看，天地沒有一刻不發生變化；要是從『不變』來看，萬物和我們都是無窮盡的，何必羨慕？更何況，天地萬物都有主宰，如果不是我應有的，一分一毫也不能取用。只有清風、明月，讓我們享用也不會有人禁止，更不會竭盡。這是造物者的恩賜，你我可以一起享用。」

於是客人又高興起來，重新勸酒，把盞言歡。直到食物都吃光，杯盤狼藉，大家倒臥在船上，不知道天色已經亮了。

二、寫作觀摩篇

先觀察，開始寫！

這篇〈前赤壁賦〉寫來相當有層次，先「由景生情」，然後「由情入理」，先描寫景致之美，從這樣的美去觸發人的情感，再啟發人對生命、對自然的哲思。這是很容易學習的寫作方式，唯一要注意的是哲理的部分。

如果想將哲理融入文章中，可以參考一些談論生命、哲學的書，或熟記蘊含哲理的名言佳句，比如：「天空收容每一片雲彩，不論其美醜，所以天空寬闊無邊」，利用這個哲理，就可以書寫對「寬容」的領悟。請看下面的例子：

1. 故事概述：這裡類似「前情提要」，是寫作的動機。比如，主角面對好友的道歉，仍然無法釋懷。某天，他在登山健行時爬到山頂，看到大自然的動態，終於領悟到「寬容」的哲理。
2. 景物描寫：先描述景物。比如：「雲不斷的變化形態，隨著風的吹拂，一下子被吹散了，成為片片的棉絮；一下子聚合起來，像一條白色的地毯，鋪向充滿陽光的坦途。」

3. 情感觸發：再從觀賞景物觸動情感。比如：「我的心，就像遭到了滅頂之災，寂寞與內疚正如浪濤一波一波的襲來，這時我才發現，不原諒別人的感覺，是這麼寂寞！」

4. 哲理融入：最後將體悟的哲理寫出來。比如：「有句成語叫做『海納百川』，海洋接納每一條河流，不論大小，所以海洋廣闊無邊。那麼，天空也收容了每一片雲彩，不論美醜，所以天空寬闊無邊。人的心胸，也應如此！」

想要模仿大師的文章並不難，只要整理好脈絡，透過深入的閱讀理解，建立自己的觀點，就能寫出一篇好文章！

寫作GO！

〈雲的啟示〉

花了大半天的時間，我終於爬到了山頂。從山上遠望，彷彿距離雲又更近了一些。天空吸引了我的注意，只見雲不斷的變化形態，隨著風的吹拂，一下子被吹散了，成為片片的棉絮；一下子又全部聚合起來，像一條白色的地毯，鋪向陽光的坦途。隨著雲的湧動，我的心就像遭到了滅頂之災，寂寞與內疚正如浪濤一波一波的襲來，這時我才發現，不原諒別人的感覺，是這麼寂寞！

我想到，有句成語叫做「海納百川」，海洋接納每一條河流，不論大小，所以廣闊無邊。那麼，天空也收容了每一片雲彩，不論美醜，所以天空寬闊無邊。人的心胸，也應如此。於是，我帶著愉快的心情，踏上了歸途。

三、寫作練習室

請參考〈前赤壁賦〉和〈雲的啟示〉，也來寫一篇具有啟發性的文章，按照下面的步驟，寫成兩百五十字左右的短文：

1. 請為文章想一個故事背景，然後概述出來。

2. 假設主角看到了某個景物，有所啟發，請將景物描寫出來。

3. 主角因景生情，請簡要的敘述讓他觸動情感的那個片段。

4. 請用譬喻法、擬人法或象徵法，描寫主角的情感。

5. 請將主角領悟的哲理書寫出來。

6. 請將以上的寫作材料，組織整理成一段短文。

13 周密和他的五星級觀海祕境：〈觀潮〉

創意小思路

有人說，每一塊磚頭都有一個故事。身為寫作者，時常要扮演考古學家，發揮觀察力，將景物仔細的研究、觀察，才能發掘背後的故事。景物是不會說話的老師，需要我們主動親近它、觀察它，並且要有充分的準備。

比如說，拜現代科技所賜，我們可以上網或到圖書館查閱資料，或是親自到景物的現場去問人，做田野調查。這些都是為了先了解觀察對象所在的地勢、環境、歷史、典故、人文等等，因為資料的累積是書寫景物的基礎。

南宋文學家周密，在〈觀潮〉用精練的筆墨，描繪海潮的壯觀景象，使讀者身歷其境。現在，我們就先來欣賞古文的示範。

一、閱讀篇

閱讀素養　南宋—周密〈觀潮〉

浙江之潮①，天下之偉觀也。自既望以至十八日為最盛②。方其遠出海門③，僅如銀線④，既而漸近，則玉城雪嶺⑤，際天而來，大聲如雷霆，震撼激射，吞天沃日⑥，勢極雄豪，楊誠齋詩云「海湧銀為郭，江橫玉系腰」者是也⑦。

每歲京尹出浙江亭教閱水軍⑧，艨艟數百⑨，分列兩岸，既而盡奔騰分合五陣之勢，並有乘騎弄旗標槍舞刀於水面者，如履平地。倏爾黃煙四起⑩，人物略不相睹⑪，水爆轟震⑫，聲如崩山。煙消波靜，則一舸無跡⑬，僅有敵船為火所焚，隨波而逝。

吳兒善泅者數百⑭，皆披髮文身⑮，手持十幅大彩旗，爭先鼓勇，泝迎而上⑯，出沒於鯨波萬仞中⑰，騰身百變，而旗尾略不沾濕，以此誇能。而豪民貴宦，爭賞銀彩。

江干上下十餘里間⑱，珠翠羅綺溢目，車馬塞途，飲食百物皆倍穹常時⑲，而僦賃看幕⑳，雖席地不容間也。禁中例觀潮於天開圖畫㉑，高台下瞰，如在指掌。都民遙瞻黃傘雉扇於九霄之上㉒，真若簫台蓬島也㉓。

大作家周密

周密（西元一二三二年～一二九八年），字公謹，號草窗，祖籍濟南（今屬山東）。元朝滅南宋後，不願做元朝的官，於是在臨安隱居，著書記錄舊朝南宋的各種事物，完成著名的《武林舊事》、《齊東野語》。他在詞、詩、書、雜文、畫都有極高的造詣，有詞集《蘋洲漁笛譜》、詞選《絕妙好詞》流傳於世。

雖然周密出生於官宦之家，但是他本人，其實更像個優雅的隱士。他對做官沒有太大的興趣，應該是對元朝的統治相當失望，看透了官場的勾心鬥角。他寧可作為平民，過普通的日子，也不願意入仕當官，從他自號「草窗」就可以看出志向。表現在作品中的他充滿雅致，是一位真正的詩人與藝術家。

注釋

① 浙江之潮：指錢塘江的海潮。

② 既望：每月十五日為望，十六日為既望。農曆十六日浙江觀潮，以農曆八月十六至十八日為最盛，此

指八月十六日。
③方：當。海門：浙江的入海口，有兩座山對峙。
④僅：將近、幾乎。
⑤玉城雪嶺：潮水像白玉的城牆，積雪的山嶺，指浪潮之高。
⑥吞天沃日：遮沒天日。沃：灌溉、澆。
⑦楊誠齋：指楊萬里（西元一一二七年～一二〇六年），字廷秀，號誠齋。南宋詩人。工詩文，著有《誠齋易傳》、《誠齋集》、《江湖集》、《荊溪集》等。海湧銀為郭二句：海潮上湧，形成一座銀白的城牆，波濤橫江，宛如一條腰間的玉帶。
⑧京尹：指臨安知府。教閱：即校閱，檢閱軍隊。
⑨艨艟：音蒙同。一種古代戰艦。
⑩倏爾：突然、很快的。
⑪略不相睹：人、物彼此差不多看不見。略：差不多。
⑫水爆：在水面燃放的煙炮。
⑬一舸無跡：看不見一艘大船的蹤跡。舸：音葛，大船。
⑭吳兒：吳地男兒，指今江蘇、浙江一帶的健壯男兒。泅：音求，游泳。
⑮文身：在身上刺青。
⑯泝：音速，逆水而上。
⑰鯨波：海浪。仞：八尺為一仞，一說七尺為一仞。
⑱江干：江邊、江岸。
⑲倍穹常時：比平時高好幾倍。穹：音窮，高。

⑳僦賃看幕：租用看棚的人非常多。僦賃：租賃。僦，音就。看幕：觀潮時搭的幕帳。

㉑禁中：舊稱天子居住的地方。例：慣例。天開圖畫：據《武林舊事》，為南宋皇宮中的高台。

㉒黃傘雉扇：指皇帝所用的黃傘、羽扇。

㉓簫台蓬島：神仙居住的地方。簫台，指簫史吹簫引鳳的鳳臺，見《列仙傳》。蓬島，傳說中的蓬萊仙島。

從〈觀潮〉學超擬真的描寫法

〈觀潮〉是周密在《武林舊事》中，記下關於他在浙江觀賞潮水的筆記，描寫浙江潮水的雄偉、水軍演習實況、江中的餘興表演，以及岸上帝后的觀潮盛況。歷來有很多以浙江觀潮為主題的文章，周密的作品是最受人稱道的。這裡只節選最經典的第一段，深入的閱讀理解，看作者描寫潮水的寫作功力。

作者在第一、第二句就先「破題」，告訴大家，浙江的海潮以雄偉聞名。接著告訴我們，海潮最盛的時間是在十六日到十八日，把時間記載清楚，是記敘文（筆記）的寫法。接著，作者就對潮水的變化進行一連串精采的描寫。

首先由視覺的感受切入，分別用了三個比喻，形容潮水入海門時，剛開始像一絲銀線，後來距離接近了，就像一座白玉雕成的城堡，又像白雪堆成的山嶺。再來寫到聽覺，說潮水的聲音大得像打雷，又用誇飾法形容潮水，像要吞沒蒼天、澆灌太陽似的。最後，再引用兩句詩，以增添文章的優雅韻味。

這樣的描寫相當傳神，對我們來說，想要模仿它的寫法也很容易著手。現在，不妨實地演練，學習超擬真的描寫技巧。

故事新編

錢塘江的大潮，是天下最雄偉的景象。周密站在堤防上，風一陣陣捲來，他的袖袍灌飽了風，隨風鼓動著，頭髮與衣衫飄飄，宛如出塵的隱士。

這日正是八月十六，從現在到十八日，是錢塘江大潮最盛的時候。周密也跟一般人一樣準時前來觀潮。遠望去，只見入海口處的潮水漸漸湧起，看上去就像一條銀白色的細線；不久，那條銀線逐漸推近，形態也轉變了，就像一座白玉雕成的城堡、白雪堆成的山嶺似的，從天邊壓過來。水聲隆隆，大得像雷鳴，驚天動地，水珠四處噴射，簡直像要吞沒天空、澆灌太陽那樣，聲勢非常壯盛！

周密被震得心旌動搖，目眩神迷，不禁想起楊萬里詩中說的：「海湧銀為郭，江橫玉系腰。」他認為，再也沒有比這兩句形容得更好的了！

二、寫作觀摩篇

先觀察，開始寫！

周密的〈觀潮〉將氣勢盛大的觀潮場面，寫得形象生動，主要是因為善於抓住特徵，才能夠勾勒出潮水的洶湧，成為經典小品。循著這個寫作原則，我們也來寫一段有關潮水的文字：

1. 開頭破題：一開始直截了當寫出題旨，以後再分別加以說明。比如：「淡水沙崙的潮水，以氣勢盛大聞名。」
2. 記錄時間：寫出觀賞景物的最佳時間。比如：「每天黃昏時分，就是觀潮的最佳時機。」
3. 想像比喻：運用譬喻法形容所見到的景象。比如：「只見遠處的入海口出現一條白線，緩緩的往前方滾來，愈滾愈快，愈滾愈猛；及到近處，就像一座炸開來的冰山，又像傾倒了的雪堆和騎著白馬的勇士。」
4. 誇飾形容：運用誇飾法形容所聽到的聲音。比如：「在水霧瀰漫之間，潮水的聲響破浪而出，好像獅子示威似的，止不住的咆哮。」

5. 引用詩句：最後引用適合的詩句，來呼應見到的景物。比如：「百里聞雷震，鳴弦暫輟彈。」（孟浩然詩句）

形容事物要做到傳神精妙，除了仔細觀察，也要發揮天馬行空的想像力，描摹才會生動。現在就來模仿〈觀潮〉，寫一篇書寫潮水的文章吧！

寫作GO！

〈淡水觀潮〉

淡水沙崙的潮水，向來以氣勢盛大聞名。每天黃昏時分，就是觀潮的最佳時機。只見遠處的入海口出現一條白線，緩緩的往前方滾來，愈滾愈快，愈滾愈猛；及到近處，就彷彿一座炸開來的冰山，又像傾倒了的雪堆和騎著白馬的勇士，奔騰翻捲，往堤岸邊衝來。在水霧瀰漫之間，潮水的聲響破浪而出，好像獅子示威似的，止不住的咆哮，凶猛的波浪彷彿成了野獸尖利的牙齒，要吞滅整個世界。正如孟浩然的詩句：「百里聞雷震，鳴弦暫輟彈。」

三、寫作練習室

請參考〈觀潮〉和〈淡水觀潮〉，寫一篇欣賞潮水或海浪的文章，按照下面的步驟，寫成兩百字左右的短文：

1. 請選擇你想要觀賞的對象，然後註明時間和地點。

2. 請針對這個地方的特色，寫出兩句概括性的總結。

3. 運用想像力，對潮水湧動的情狀寫出三個比喻。

✓

✓

4. ✓ 運用誇飾法，形容潮水湧動時發出的聲音。

5. 請引用最符合你所見潮水的詩句，兩句即可，可善用網路搜尋。

6. 請將以上的寫作材料，組織整理成一段短文。

卷三

寓言的說故事藝術

14 愛才的韓愈，最懂千里馬的心：〈雜說四・馬說〉

創意小思路

比喻，我們稱之為「修辭之王」，因為它被使用的次數最高。一般來說，我們會用比喻來造句或形容事物，讓句子更生動，所以在寫作上，比喻常被用來當作「美化」的用途。除此之外，比喻也可以應用在論說文中。

枯燥無味的說教令人想打呵欠，所以講道理時用「比喻說理」，就是很好的方法。用具體的事物說明抽象的道理，讀者很容易就明白了。在寫作時，要先找出比喻與道理的共同點，同時，比喻也必須活潑創新。

韓愈的〈雜說四・馬說〉就是標準的「借物比喻」，從馬的飼養，點出人才不受重視的問題。現在，讓我們透過閱讀理解，一窺韓愈在寫作上的創意！

一、閱讀篇

閱讀素養　唐─韓愈〈雜說四．馬說〉

世有伯樂①，然後有千里馬。千里馬常有，而伯樂不常有。故雖有名馬，秖辱於奴隸人之手②，駢死於槽櫪之間③，不以千里稱也。

馬之千里者，一食或盡粟一石④；食馬者，不知其能千里而食也。是馬也，雖有千里之能，食不飽，力不足，才美不外見⑤，且欲與常馬等不可得，安求其能千里也⑥！策之不以其道⑦，食之不能盡其材，鳴之而不能通其意⑧，執策而臨之曰⑨：「天下無馬！」嗚呼！其真無馬邪⑩？其真不知馬也！

大作家韓愈

韓愈（西元七六八年～八二四年），字退之，河南河陽（今河南孟州）人，世稱韓昌黎；晚年任吏部侍郎，又稱韓吏部。謚號文，世稱韓文公。唐代文學家，與柳宗元推行古文運動，合稱「韓柳」。蘇軾稱讚他「文起八代之衰，道濟天下之溺」，指韓的古文提振了漢末以來委靡的文風。著作收於《昌黎先生集》。

關於韓愈有個小故事。在潮州的江中有很多鱷魚，是當地的大害，許多過江的人都被牠們吃了。韓愈被貶到潮州擔任刺史時，為此憂心不已，於是下令準備祭品，親自去江邊設壇祭鱷，朗讀他撰寫的〈祭鱷魚文〉，限鱷魚七天內離開，否則就要對付牠們。從此，潮州再也沒有發生過鱷魚吃人的事情了。

注釋

①伯樂：本名孫陽，春秋秦穆公時善相馬的人。

②秖：音知，同「祇」，只。奴隸人：奴僕，指餵馬的人。

③駢：音胼，兩馬並行。槽櫪：養馬的地方。槽：養馬的食器。

④食：音四，同「飼」。動詞，飼養。以下「食馬」、「不知其能千里而食」、「食之不能盡其才」都是相同用法。石：音但，計算容量的單位。

⑤見：音現，顯現。

⑥安：豈、怎麼。

⑦策：動詞，鞭打、驅使。

⑧鳴之：指馬嘶鳴。通其意：跟牠的心意相通。

⑨執策：拿馬鞭。這裡的「策」是名詞，馬鞭。

⑩邪：音爺，同「耶」。用於句末，表示疑問或感嘆的語氣。

從〈雜說四・馬說〉學超好懂的「借物比喻」

〈雜說四・馬說〉是一篇論說文，「說」有「談……問題」的意思，是古代的論說文體裁。這篇文章是韓愈〈雜說〉的第四篇，以馬為主角，比喻人才的問題，從側面流露出作者懷才不遇的感嘆和憤懣之意。

千里馬比喻賢才，伯樂比喻知己，英雄豪傑必須遇見知己，才能展露才華，就像在《三國演義》中，孔明必須遇到劉備才能夠發揮所長。文章第一段說明伯樂對千里馬的重要。在邏輯上，將伯樂放在關鍵的位置，沒有伯樂，千里馬也就被埋沒了。接著說伯樂並不常有，所以多數的人才是被忽略的，點出殘酷的真相。

第二段說明千里馬的特別之處。養馬的人如果不能用正確的方式對待、好好的飼養、深入的理解千里馬，千里馬就無法展現才華。同樣的，身為領導者，如果沒有看人的眼光，也不能正確的對待人才，是國家、社會的一大損失。

文章除了寫出千里馬的心聲，也點出不識人才者的愚昧，好的比喻就是這樣，能夠讓人一下子就明白深刻的道理。

故事新編

千里馬一聲長嘶，無奈的在馬廄裡踏步。養馬的人聽到馬的鳴叫，不耐煩的走過來，用棍子敲了敲圍欄，叫道：「吵什麼吵！放飯的時間還沒到！」千里馬甩了甩脖子上的毛，更用力的踏步，發出悲鳴。

「我可是一匹能夠日行千里的馬啊！」馬鳴叫，可惜養馬的人聽不懂牠在說什麼，也看不出牠的天賦異稟，仍然當牠是一匹普通的馬，按時間用既定的份量飼養，完全不知道，千里馬一頓有時能吃一石，養馬人給的糧草根本就不夠吃。「伯樂在哪裡？」馬吶喊。棍子的敲擊聲，讓馬深深的感到屈辱。

吃不飽，力氣就不夠的千里馬，表現得的確就像是一匹普通的馬，在這個馬廄中，只有馬知道自己有多麼不凡。牠悲憤的嘶鳴起來，這次的鳴聲分外激烈。養馬人又拿著馬鞭走過來了，對馬揮舞著說：「天下根本沒有千里馬！只有這種吵得要死的普通馬！」在鞭子的抽打下，馬兒流下了不甘心的眼淚。

二、寫作觀摩篇

先觀察，開始寫！

讀完韓愈的〈雜說四．馬說〉，讓人忍不住感嘆起來，同時也發現，用千里馬的遭遇來說明事理，的確可以讓人輕鬆的明白題旨。

我們就向韓愈學習「借物比喻」，同樣寫一篇有關「人才受到埋沒」的文章，但是將比喻的「物」換掉，比如說以「滄海遺珠」為題材，這句成語的意思是：大海裡的珍珠被採珠人所遺漏。接著按照步驟進行思考：

1. 你想要說明什麼道理？（答：人才受到忽視的痛苦）
2. 想要用什麼「物」來講道理？（答：被採珠人遺漏的珍珠）
3. 珍珠有什麼特別之處？（答：是公主掉在海灘上的夜明珠）
4. 為什麼採珠人會遺漏珍珠？（答：眼界太小，不認識珍寶）
5. 珍珠被遺漏了，有什麼感受？（答：感到痛苦和不適應）
6. 珍珠的下場是什麼？（答：受到磨損，久而久之，變得毫不出色）

除了千里馬和珍珠，你還可以想到更多適合用來比喻的「物」嗎？請注意，不論是什麼「物」，都要緊扣題旨來發揮。現在就來寫寫看！

寫作GO！

〈滄海遺珠〉

滾滾的長浪拍打著，將一些貝殼帶上了沙灘。許多貝殼張著大口，浪一打，裡頭的珍珠就掉了出來，被細沙包裹住，光耀奪目的色彩頓時黯淡下來。

這片沙灘上的許多珍珠，都來自於貝殼，然而其中有一顆珍珠的來源與眾不同，它是夜明珠，從公主的皇冠上掉下來的。那天，四歲的凱特公主拿著皇冠在沙灘上奔跑，不小心將夜明珠掉在沙灘，風一吹，就被沙子裹住了。

到了中午，採珠人來了，撿了不少珍珠，當他撿到夜明珠時，卻因為從來沒看過珍寶，而將夜明珠當成魚眼睛丟了。夜明珠很哀傷，它多想再回到公主身邊，但現在只能跟小石子、魚眼睛混在一起。日復一日，夜明珠在浪濤的拍打下，漸漸磨損，再也無法發出明亮的光芒，它終究成了一顆普通的石頭。

三、寫作練習室

請參考〈雜說四・馬說〉和〈滄海遺珠〉，試著用「借物比喻」講一個道理，寫成三百字左右的短文：

1. 決定你想要說明的是什麼道理？並解釋一下。

2. 你想要用什麼「物」來說明這個道理？可描述物的外型。

3. 這個「物」有什麼特別之處？

4. 為什麼這個「物」會受到忽略，不受重視？

5. 這個「物」被忽視了，它有什麼感受呢？請用擬人法思考。

6. 請將以上的寫作材料，組織整理成一則故事。

15 美食達人白居易教你寫荔枝：〈荔枝圖序〉

創意小思路

寫作的手法裡，有一種神奇的「細分法」，是從拆解事物中得到靈感。在進行拆解時，要按照一定的程序進行，由外而內，循序漸進。

好比切火龍果，為了留下火龍果的皮，製作成創意料理，必須經過以下這樣的流程：先將火龍果洗淨，切成四等分，剝皮之後，再把果肉切小塊裝在盤裡。接著，剪去果皮上的棘皮，切掉蒂頭，將果皮切碎，就可以入菜了。

寫作時，可以像切水果一樣，把事物按照順序細分成好幾個部位，逐一進行處理（描繪），就可以把事物刻畫得很細緻。

接下來我們就先來看看，古文裡「細分法」的示範。

一、閱讀篇

閱讀素養　唐─白居易〈荔枝圖序〉

荔枝生巴峽間①，樹形團團如帷蓋②。葉如桂③，冬青④；華如橘⑤，春榮⑥；實如丹⑦，夏熟；朵如葡萄⑧；核如枇杷；殼如紅繒⑨；膜如紫綃⑩；瓤肉瑩白如冰雪⑪；漿液甘酸如醴酪⑫。大略如彼，其實過之。若離本枝，一日而色變，二日而香變，三日而味變，四五日外，色香味盡去矣。

元和十五年夏⑬，南賓守樂天⑭，命工吏圖而書之⑮，蓋為不識者與識而不及一二三日者云⑯。

大作家白居易

白居易（西元七七二年～八四六年），字樂天，號香山居士，祖籍山西太原，生於河南新鄭，為唐代文學家，是中唐最具代表性的詩人之一。倡導新樂府運動，主張「文章合為時而著，歌詩合為事而作」，意思是：文章應當為反映時代而寫，詩歌應當為反映現實而作。

白居易是個神童，三歲就學會了「之」、「無」二字的用法，五、六歲就開始寫詩。他認為作品應該要平易近人，才能便於傳誦與流通，獲得更多人的共鳴，他曾經拿自己的詩給老人及小孩讀，結果都能讀懂。白居易與元稹齊名，號稱「元白」，又與劉禹錫唱和，並稱「劉白」。著有《白氏長慶集》。

注釋

①巴峽：巴江、三峽之間，在四川東部和湖北西部一帶。
②帷蓋：車子的簾幕與布蓋。
③桂：指「木樨」，葉子是橢圓形，與荔枝葉相似。
④青：綠色。
⑤華：同「花」。
⑥榮：開花。
⑦實：果實。丹：指朱砂的顏色。
⑧朵：指果串。
⑨繒：音增，絲織品的總稱。
⑩綃：音消，用生絲織成的絲織品。
⑪瓤肉：果肉。瓤，音攘。瑩：透明光潔。
⑫醴：音禮，甜酒。酪：奶酪。

⑬元和：唐憲宗年號。
⑭南賓守：指忠州刺史。白居易於元和十四年至十五年曾任忠州刺史。
⑮工吏：指畫工。圖：畫，動詞。書：寫，動詞。
⑯不識：沒有看過。不及：趕不上。

從〈荔枝圖序〉學超創意的「細分法」

我們現在常常有機會吃到荔枝，可是大家要知道，荔枝是中國南方特產的水果，古代的北方人很少有機會看到，更別說吃到了。大作家白居易為了讓親友們一窺荔枝的真面目，特別請畫工畫了一幅荔枝圖，寄給親友觀賞。

這篇序，就是他特地為這幅畫寫的，是一篇很生動的詠物散文。在文章的開頭，白居易先從大處寫起，交代荔枝的生長環境。然後按照順序，描寫它的樹、葉、花。最後，將焦點集中在果實，把果實細分成幾個部位，像是顏色、形狀、果核、果殼、果膜、果肉、果汁等，再一個一個進行細緻的描繪。

這篇文章很重視層次的分明，寫作的順序完全依照荔枝的特色進行：寫果樹時「由大到小」，從生長環境寫到樹、葉、花；寫果實是「由外而內」，從果串寫到果汁；寫生長規律是按照「冬、春、夏」的時序；寫色、香、味的變化是一日、二日、三日、四五日，「由短到長」。

白居易的〈荔枝圖序〉利用「細分法」，將荔枝寫得鮮活生動，讓人口水不自覺都要流了出來。這種生動、活潑的寫作方法，值得我們仿效。

故事新編

老畫工將袖袍一揮，筆走龍蛇，簡單幾筆就有了大概的輪廓，那安置在盤中嬌豔欲滴的小荔枝，在宣紙上似乎要化為真實。

仔細一看，荔枝的葉子像桂樹，就算在冬天還是綠的；它的花像橘樹，到了春天才盛開；果實的顏色像朱砂，在夏天成熟；結實纍纍，像葡萄那樣成串；果核跟枇杷的類似；外殼像紅色的絲織品，內膜則像紫色的織物；它的果肉晶瑩潔白有如冰雪，汁液酸甜甜的，就像奶酪或是甜酒一般；如果採摘下來，過一天顏色就變了，過兩天香氣也變了，過三天就走味了，四五天以後，顏色、香氣、味道全部都會走樣——只有圖畫能留得住它的新鮮甜美。

老畫工運筆揮灑自如，神態專注，又不失瀟灑自得。那果實、果肉，綠葉、紅殼，彷彿都融入了他的精神。不久，充滿靈氣的作品就完成了，讓人驚嘆！

二、寫作觀摩篇

先觀察，開始寫！

看完了詩人白居易描寫荔枝後，我們也可以找一種熟悉的水果，試著描寫看看。例如將鳳梨拆解成幾個部位來描寫，這麼做，可以表現自己的觀察力以及對鳳梨的豐富認識。寫作時運用譬喻法，將鳳梨的色、香、味描摹出來：

1. 產地：原產於南美洲巴西、巴拉圭的亞馬遜河流域。
2. 植株：像蓮座。
3. 葉子：像劍一樣尖而厚，有鋸齒。
4. 花朵：像紫色的松果。
5. 果實：桶狀的圓錐形。
6. 果皮：黃色或紅色，由一塊塊尖厚的皮覆蓋。
7. 果實頂端：會長出叢生緊密的小葉片。
8. 果肉：黃色或白色，香氣濃郁。

9. 果芯：厚實的纖維。
10. 果汁：金黃色的，味道香甜。

有創意的人，能夠將事物切割成許多薄片，再靈巧的加以組合，成為新奇有趣的文章。閱讀完〈荔枝圖序〉和寫作引導後，你也可以寫寫看！

寫作GO！

〈鳳梨〉

鳳梨原產地在南美洲巴西、巴拉圭的亞馬遜河流域，它的植株就像佛祖的蓮座；葉子如同刀劍，尖而厚，生有鋸齒；花朵像紫色的松果；果實如圓錐狀的桶子；果皮是黃色或紅色，由一塊塊尖厚的皮覆蓋，類似龜殼；果實的頂端長出叢生緊密的小葉片，像戴了深綠色的皇冠；果肉黃澄澄的，剖開來，滿室生香；果芯厚實的纖維雪白有如冰柱；金黃色的鳳梨汁香甜如同蜂蜜。

三、寫作練習室

請參考〈荔枝圖序〉及〈鳳梨〉，描寫一樣你最愛吃的水果，寫成兩百字左右的短文：

1. 選擇一種你最愛吃的水果，寫下它的名稱及產地。

2. 當你看見這種水果時，第一個念頭是什麼？

3. 敘述你的寫作動機，說明你想介紹這種水果給誰。

4. 將水果細分成幾個部位，描述顏色、形狀等特點，有需要就用譬喻法。

5. 描述看見這種水果時的環境、地點，將場景描寫出來。

6. 請將以上的寫作材料，組織整理成一段短文。

16 柳宗元與他的動物星球頻道：〈蝜蝂傳〉

創意小思路

在創意思考的方法中，有一種叫作「類比法」，就是將兩個不同事物的相似之處，透過比較和推理，找出它們的相似點或不同點，適當的比擬。

比如張愛玲的名言：「生命是一襲華美的袍，上面爬滿了蚤子。」就是將「生命」與「爬滿跳蚤的華服」拿來比較，說它們是相似的，因為：生命有美好之處，就如一件美麗的袍子；但也有讓人不舒服的地方，好比衣服上的跳蚤。

張愛玲透過類比，傳遞她在生活中遇到不順心時的感嘆，成為新穎的觀點。這種方法能幫助我們創新，將文章讀出新意、寫得生動。現在，就讓柳宗元的〈蝜蝂傳〉為我們示範，怎樣巧妙的運用「類比法」。

一、閱讀篇

閱讀素養　唐—柳宗元〈蝜蝂傳〉

蝜蝂者①，善負小蟲也。行，遇物輒持取②，卬其首負之③。背愈重，雖困劇不止也④。其背甚澀⑤，物積因不散。卒躓仆⑥，不能起。人或憐之，為去其負。苟能行⑦，又持取如故。又好上高，極其力不已，至墜地死。

今世之嗜取者⑧，遇貨不避⑨，以厚其室，不知為己累也，唯恐其不積；及其怠而躓也，黜棄之⑩，遷徙之，亦以病矣⑪。苟能起，又不艾⑫，日思高其位，大其祿，而貪取滋甚⑬，以近於危墜。觀前之死亡不知戒⑭，雖其形魁然大者也⑮，其名人也，而智則小蟲也，亦足哀夫！

大作家柳宗元

柳宗元（西元七七三年～八一九年），字子厚，河東（今山西運城）人，唐代文學家，唐宋八大家之一。參加永貞革新失敗後，被貶為永州司馬，終生皆被貶外放。擅長寫遊記，有《永州八記》；又擅長寓言體，有〈三戒〉等諷刺小品。著有《柳河東集》。與韓愈同為中唐古文運動的主要人物，並稱「韓柳」。

柳宗元被貶官到永州當刺史，心情陷入低潮，就到附近的山野遊玩。有一次他到冉溪，看到美景如畫，非常喜歡，就在那裡定居下來。他想為這個地方取名字，想來想去，決定取「愚」字：溪稱為愚溪，丘稱為愚丘，泉稱為愚泉，溝稱為愚溝，表示自己是因為「愚」而被貶官，用「愚」作為人生的注腳。

注釋

①蝜蝂：音負版，一種蟲，傳說好負重物。

②輒：音折，就。

③卬：同「仰」。

④困劇：非常疲累。

⑤澀：表面粗糙，不潤滑。

⑥卒：終於。躓仆：跌倒。躓，音至，遇阻礙而跌倒。仆：音撲，跌倒而伏在地上。

⑦苟：如果。

⑧嗜：喜好。

⑨貨：財物的總稱。

⑩黜棄：罷官撤職。黜，音處。

⑪以：同「已」。病：疲累、痛苦。
⑫艾：停止。
⑬滋：更、益。
⑭前：前人。
⑮魁然：高大的樣子。

從〈蝜蝂傳〉學超有趣的「類比法」

這篇寓言，藉著談「蝜蝂」這種小蟲，諷喻世人貪得無厭、至死不變。故事中，透過強而有力的對比，突顯了人們貪婪的心態與行為。最後，還延伸出深刻的寓意：貪婪的人雖然是人，智慧卻跟蟲差不多，可說是人不如蟲了。

在前兩段，作者先將「蝜蝂」和「貪婪的人」拿來類比，找出兩者的共同點。比如說：第一，他們不管遇到什麼東西，都要拿過來；第二，他們儘管非常疲累，還是不停的拿取東西；第三，即使他們累到跌倒，一旦能爬起來，還是繼續抓取；第四，一直等到危亡的階段，他們才會停止抓取的行為。

文章的結構也很簡單，可以分成兩段。第一段先談蝜蝂這種小蟲的習性，第二段轉而談貪婪的人類，並且將蝜蝂和人類互相比較，最後點出寓意。

這是很容易上手的寫法，需要用心思考的，是尋找兩物之間的相似點，這也是構思的過程中，最有趣的部分！

故事新編

動物星球頻道：蝜蝂的傳說

主持人：柳宗元

今天的節目，介紹的是一種在古中國傳說久遠的蟲「蝜蝂」。蝜蝂，是善於背東西的昆蟲，古書《爾雅》就有這種蟲的紀錄。牠有獨特的習性：爬行時遇到東西，會抬起頭抓取背在背上。背的東西越來越多、越來越重，雖然很累，還是不停的往背上放。牠的背部粗澀，東西放在上面不會掉落，最終將牠壓倒在地上，爬不起來。人們有時覺得可憐，幫牠拿走背部的東西，可是一旦恢復爬行，牠又像以前那樣，開始拿東西放在背上。牠喜歡爬到高處，用盡力氣還不想停止，直到掉在地上摔死。

人類學家認為，蝜蝂的行為跟人類十分接近。社會上某些貪婪的人，什麼財物都想要，認為可以增加家產，卻不知道這些都是累贅，還擔心累積得不夠多。等到他累得跌倒了，遭到罷官撤職，貶謫放逐到遠方，就夠痛苦了。可是一旦東山再起，他又會不停的積蓄，每天只想升官、加薪，貪婪得更加厲害，因此更接近毀滅。他看到別人因為貪婪而死，卻不知道警惕，雖然他的形體高大，是萬物之靈的人類，但智慧跟小蟲蝜蝂一樣，真是悲哀！

二、寫作觀摩篇

先觀察，開始寫！

讀完了〈蝜蝂傳〉，我們可以模仿它的寫法，寫一篇「刺蝟傳」，寫法是將刺蝟和你認識的某個人拿來類比，比如說你最熟悉的「弟弟」或是其他家人。想想看，弟弟的個性跟刺蝟的習性，有哪些共同點？請一一列出來：

1. 都在夜間行動。
2. 每天都需要長時間的睡眠。
3. 需要大量食物補充熱量。
4. 膽小，容易受驚嚇。
5. 有防備心時，背上的刺就會更堅硬。

寫作的祕訣就是：先比較，再連結，讓兩個事物產生關連。閱讀完〈蝜蝂傳〉和寫作引導後，不妨來練習寫寫看！

寫作GO！

〈我的刺蝟弟弟〉

刺蝟，是一種夜行性動物，每天都需要長時間的睡眠，當牠們睡醒以後，一定要加倍的補充熱量。牠們天生性格就很膽小，又容易受到驚嚇，但是在遇到危險時，背上的刺便會變得異常堅硬，用來保護自己。

我那個讀國中的弟弟就像刺蝟，在假日都會熬夜打電玩，睡醒時已經日上三竿，就去廚房開冰箱，拿一大堆食物補充熱量，好像餓了很久。平日膽小如鼠，容易受驚嚇，但如果勸他別再打電動，他就會用尖銳的話來反駁，像刺蝟一樣。

三、寫作練習室

請參考〈蝜蝂傳〉和〈我的刺蝟弟弟〉，以動物來比喻某個人，寫成兩百字左右的短文：

1. 先想出一種你最熟悉、最喜愛的動物，稍微描述一下外型。

2. 將這種動物的習性列舉五個出來。

3. 決定你想用來類比的寫作對象，寫出他的身分以及你們的關係。

4. 將這種動物與人物的共同點連結起來，描述這位人物的個性。

5. 寫出你對這位人物的感覺或看法。

6. 請將以上的寫作材料，組織整理成一段短文。

17 跟故事大王柳宗元學習說寓言：〈永某氏之鼠〉

創意小思路

寓言，是一種用假想的故事來闡明人生道理，進而達到諷刺和教育的文學。換句話說，如果故事是一艘「船」，上面搭「載」的就是某個道理。

寓言的主角可以是人，也可以是動物或植物，比如柳宗元創作的〈三戒〉：〈臨江之麋〉、〈黔之驢〉，以及這裡要讀的〈永某氏之鼠〉；或是用「擬人法」，讓沒有生命的「物」也有情感、有思想、會說話，比如〈北風與太陽〉。

想傳達你的理念，「說故事」絕對比「說教」更容易讓人接受。現在，就透過閱讀古文，讓我們來看看，該怎麼寫出好看的寓言故事。

一、閱讀篇

閱讀素養　唐—柳宗元〈永某氏之鼠〉

永有某氏者①，畏日②，拘忌異甚③。以為己生歲直子④，鼠，子神也⑤，因愛鼠。不畜貓犬，禁僮勿擊鼠⑥。倉廩庖廚⑦，悉以恣鼠⑧，不問。

由是鼠相告，皆來某氏，飽食而無禍。某氏室無完器，椸無完衣⑨，飲食大率鼠之餘也。晝累累與人兼行⑩，夜則竊嚙鬥暴⑪，其聲萬狀，不可以寢。終不厭。

數歲，某氏徙居他州⑫。後人來居，鼠為態如故。其人曰：「是陰類惡物也⑬，盜暴尤甚，且何以至是乎哉？」假五六貓⑭，闔門⑮，撤瓦灌穴，購僮羅捕之⑯。殺鼠如丘，棄之隱處⑰，臭數月乃已⑱。

嗚呼！彼以其飽食無禍為可恆也哉！

大作家柳宗元

柳宗元（西元七七三年～八一九年），字子厚，河東（今山西運城）人，唐代文學家，唐宋八大家之一。參加永貞革新失敗後，被貶為永州司馬，終生皆被貶外放。擅長寫遊記，有《永州八記》；又擅長寓言體，有〈三戒〉等諷刺小品。著有《柳河東集》。與韓愈同為中唐古文運動的主要人物，並稱「韓柳」。

柳宗元被貶官到永州當刺史，心情陷入低潮，就到附近的山野遊玩。有一次他到冉溪，看到美景如畫，非常喜歡，就在那裡定居下來。他想為這個地方取名字，想來想去，決定取「愚」字：溪稱為愚溪，丘稱為愚丘，泉稱為愚泉，溝稱為愚溝，表示自己是因為「愚」而被貶官，用「愚」作為人生的注腳。

注釋

①永：永州，今湖南省零陵縣。
②畏日：害怕觸犯時日的忌諱。
③拘忌：拘束，顧忌。
④生歲直子：出生的年份正值農曆的子年。直，同「值」。

⑤鼠，子神也：子年的生肖是老鼠。
⑥僮：僕人。
⑦倉廩庖廚：穀倉和廚房。廩，音凜，糧倉。庖，音袍，廚房。
⑧悉以恣鼠：全部放縱老鼠。悉，全部。恣，放縱。
⑨椸：音疑，衣架。
⑩累累：成群結隊。兼行：同行。
⑪竊齧鬥暴：竊齧，偷咬東西。齧，音聶，咬。鬥暴，打鬥激烈。
⑫徙居：遷移住所。徙，音洗，遷移。
⑬陰類惡物：躲在陰暗地方活動的壞東西。
⑭假：借。
⑮闔門：關門。
⑯購：僱用。
⑰隱處：隱僻、沒有人的地方。
⑱臰：同「臭」。已：止。

從〈永某氏之鼠〉學超好看的寓言

柳宗元被貶官到永州時，寫下了著名的〈三戒〉，這裡所談的〈永某氏之鼠〉是其中的一篇。在這則故事中，他把那些自以為「飽食而無禍」的人比喻為老鼠，深刻的諷刺了某些官僚猖狂的醜陋嘴臉，讓讀者引以為戒。

在故事的開頭，先介紹這位「某氏」，交代他喜愛老鼠和放縱牠們的原因。第二段將焦點轉向老鼠，描述老鼠囂張的模樣，情節相當的離奇荒謬，讓人簡直不敢相信，老鼠竟然可以比人類強勢，而且都是被人類縱容出來的。

到了第三段，情節急轉直下，出現了新的角色。這個新來的人看了老鼠猖獗的狀況，決定用積極的手段消滅鼠患。最後作者用兩句話下結論，點出故事的主旨：老鼠以為能夠「飽食而無禍」，然而這是可以長久的嗎？

這故事用了標準的「起、承、轉、合」結構，學起來很容易上手，讓我們跟著說明引導，一步步的向柳宗元學習說故事。

故事新編

被貶官後的柳宗元這日無事，就跟朋友說了一則故事：

有個人叫張三，生肖屬「鼠」，一向很尊敬和喜愛老鼠。他不養貓狗，也警告僕人不可以打老鼠，放任老鼠在糧倉和廚房裡作亂橫行，袖手不管。

於是，別人家的老鼠也聞風跑到張家來，既能吃飽，又不會遭遇禍害。老鼠鬧得張家的器物破破爛爛的，衣架上的衣服也都是破洞，連張家人吃的食物，都是老鼠吃喝剩下的。白天，老鼠會成群結隊的與人同行；到了晚上，老鼠就偷咬東西、打鬥，發出各種噪音，吵得人不能睡覺，但張三始終不討厭老鼠。

幾年以後，張三搬走了，換了李四住進這個家，老鼠還是很囂張。李四感到納悶：「奇怪！老鼠都躲在陰暗的地方活動，但這裡的老鼠光明正大的咬東西、打鬥，到底是什麼原因讓鼠輩橫行呢？」於是借了五、六隻貓，把門窗關上，翻開屋瓦，用水灌老鼠窩，還請人用網子圍捕。在大規模的「屠殺」下，老鼠的屍體堆得像座山，被丟棄在沒有人的地方，臭味過了幾個月才消失。

柳宗元喝了口茶，意味深長的說：「唉，那些鼠輩以為牠們能吃飽，又不會遭遇禍害，可以這樣長久生活下去，豈不是作夢嗎？」

二、寫作觀摩篇

先觀察，開始寫！

對照就是對比，把兩種不同的事物放在一起比較，可以更鮮明的突顯事物的特徵，在故事中，就可以突顯主旨。這種寫法，就連大作家張愛玲也愛用，她曾說：「我喜歡參差的對照的寫法，因為它是較近事實的。」比如她喜歡用「蔥綠配桃紅」來描繪事物。

假如我們要模仿這篇的寫法，可以將故事的主角改成「貓」或其他事物，主題一樣是講「放縱」和「限制」的差別。可以這樣想：

1. 起：先交代貓受寵的原因。比如說，某人因為欣賞貓神祕的模樣而喜愛貓，結果貓簡直要爬到他的頭上了。
2. 承：承接第一段，具體描述貓受溺愛造成的問題。比如，貓變得挑食、過度肥胖、懶散、破壞家具、動不動就咬人抓人。
3. 轉：描述新主人如何教養貓，這是故事的新轉折。比如，用自動餵食器餵貓、在家具旁放貓抓板、拿逗貓棒陪牠玩。

4. 合：最後點出結論。比如，凡事都要適度，愛貓，就不要縱容牠。

這個故事好看的關鍵，就是運用了「前後對照」的手法。讀完古文的示範，現在就來練習「對照」的寫作技巧吧！

寫作GO！

〈愛貓，就不要縱容牠〉

老王很愛貓，他喜歡貓神祕的摸樣，所以極盡所能的寵溺牠。他毫無限制的餵貓，不久，原本體型雄健的公貓，就變成了一隻大肥貓。

老王的貓明白自己的地位，知道無論做什麼都不會受到懲罰，於是牠開始挑食，吃到清淡的貓糧就拒絕再吃，只吃油多的那種。家具都被牠抓得殘破不堪。牠的脾氣變得暴躁，動不動就咬人、抓人，然而老王還是很愛他的貓。

幾年後，老王因為要出差，就把貓交給了老張。老張才跟貓相處一天，就快要崩潰了！他看著被抓破的名貴沙發，決心要好好的教養這隻貓。於是他改用自動餵食器，在固定的時間餵貓；又在家具旁放貓抓板，讓貓有發洩的對象，再拿逗貓棒陪貓玩。後來，貓不但瘦下來，行為也改善了。

這告訴我們：凡事都要適度，愛貓，就不要縱容牠。

三、寫作練習室

請參考〈永某氏之鼠〉和〈愛貓，就不要縱容牠〉，運用對照法，按照下面的步驟，寫成一篇結構完整的故事：

1. 請確定故事想傳達的主旨是什麼？想諷刺或說明什麼道理？

2. 開頭先帶出主角，交代問題發生的原因。

3. 請設計一下主角的外型，並描述出來，造型越有特色越好。

4. 具體描述某種事物造成的問題，舉出有代表性的例子。

5. 另一個主角出現，他的作法跟前一個主角有何不同？

6. 請將以上的寫作材料，組織整理成一篇故事。

18 周敦頤與課本必選的詠物名篇：〈愛蓮說〉

創意小思路

詠物，是以「物」作為主角，藉著描摹「物」來抒發內心的情感。比如說唐朝詩人羅隱的〈蜂〉：「不論平地與山尖，無限風光盡被占。採得百花成蜜後，為誰辛苦為誰甜？」就是藉著描寫蜜蜂，抒發「為誰辛苦」的心情。

除了描繪「物」，最重要的，還是要寫出物與主題的關係。如果文章的主題是在歌頌「君子」，就要想辦法將「物」與「君子」聯繫起來，而且要用委婉的筆法才有美感，沒有一句提到「君子」，卻句句都是形容「君子」。

這樣子的寫法，考驗的是「連結」的能力。像閱讀〈蜂〉這首詩，我們從採蜜、為誰辛苦等字眼，很容易就聯想到人的忙碌與辛勞，以及作者萌生的感嘆。現在，不妨再從〈愛蓮說〉的閱讀中，體會這種寫法的美妙。

一、閱讀篇

閱讀素養　北宋─周敦頤〈愛蓮說〉

水陸草木之花，可愛者甚蕃①。晉陶淵明獨愛菊②。自李唐來③，世人甚愛牡丹。予獨愛蓮之出淤泥而不染④，濯清漣而不妖⑤，中通外直⑥，不蔓不枝⑦，香遠益清⑧，亭亭淨植⑨，可遠觀而不可褻玩焉⑩。

予謂：「菊，花之隱逸者也⑪；牡丹，花之富貴者也；蓮，花之君子者也。噫⑫！菊之愛，陶後鮮有聞⑬；蓮之愛，同予者何人⑭？牡丹之愛，宜乎眾矣。」

大作家周敦頤

周敦頤（西元一〇一七年～一〇七三年），字茂叔，後來在江西廬山蓮花洞創辦了濂溪書院，自號「濂溪先生」。道州營道（今湖南道縣）人，是北宋的官員、學者。他博取眾家之長，融會貫通，成一家之言，弟子程顥、程頤繼承和完善了他的思想。後來經過南宋著名學者朱熹進一步的探討，歸納為程朱理學。

周敦頤為官相當清廉，不畏權貴，勇於為民請命。在擔任南安軍司理參軍時，長官誤判一名囚犯死刑，同僚都不敢出聲，只有他挺身而出，指出長官的錯誤，他說：「人命關天，不能兒戲！明知誤判還不肯改正，這官，不做也罷！」放下職官證書就走。長官這才重新審案，免除了囚犯的死刑。

注釋

①蕃：眾多。
②陶淵明：名潛，字元亮。性愛菊，賦予菊不慕榮華、自甘淡泊的秉性。
③李唐：唐開國皇帝姓李，又稱李唐。
④出淤泥而不染：從污泥中生長出來，卻未被污染。
⑤濯：音卓，洗滌。清漣：清澈的水波。不妖：不媚於世。
⑥中通：蓮梗中心空而貫通。外直：外型筆直。
⑦不蔓不枝：蓮花的枝幹不會另生蔓藤細枝。
⑧香遠益清：香氣遠播而且清幽。
⑨亭亭：高聳直立的樣子。淨：潔淨。植：樹立。
⑩褻玩：狎近玩弄。
⑪隱逸：隱士。

⑫噫：感嘆詞。
⑬鮮：少。
⑭予：我。

從〈愛蓮說〉學超經典的詠物寫作

周敦頤的〈愛蓮說〉，是一篇歷久而彌新的經典詠物散文。作者在江西廬山蓮花洞創辦濂溪書院的時候，給自己取了「濂溪先生」的稱號，這篇〈愛蓮說〉就是那時候寫的。他將蓮花的各種特徵比喻為君子的品德，又以菊花、牡丹來比較，好突顯蓮花的品行高下，也讓文章成為千古流傳的名篇。

這篇文章最精采的，就是能夠抓住「特徵」來寫。在第一段集中寫蓮花，從蓮花生長的環境和外型特色，觀察到蓮花生長於污泥中、蓮梗筆直而中空、沒有藤蔓、氣味芬芳、聳然直立等特質，同時語帶雙關，讓人自然將「君子」與「蓮花」聯想在一起，等到下一段，才明白的點出「君子」。

在第二段，作者將菊花、牡丹、蓮花並列，道出它們受歡迎的程度。從很少人欣賞菊花、蓮花，暗指它們「曲高和寡」，帶出作者對「越是卓越不凡的人，知音越少」的感嘆。相對的，受到大眾歡迎的牡丹，就沒有什麼高尚的質感可言了。文章雖然篇幅短小，但文筆清新俊逸，含義深刻，值得我們欣賞。

故事新編

有一種花，從水塘的污泥中生長出來，卻不受污染，在清澈的水中洗濯而不妖野，它的梗中空，外表筆直，莖幹不會向外蔓生細枝，氣味越遠播，越覺得芬芳，素潔的挺立在水中，只可以遠遠的觀賞，卻不能放肆的玩弄它。

它就是蓮花，是我最喜愛的花。水上、陸地上生長的花草可愛的很多，晉朝的陶淵明特別愛菊花；李唐以後，世人都喜愛牡丹，我卻獨愛蓮花。

我以為，菊花是花中的隱士；牡丹是花中的富貴人物；蓮花則是花中的君子。啊！愛菊花的人，在陶淵明以後，就很少聽說了；像我一樣愛蓮花的人，又有多少呢？喜愛牡丹的人，倒是相當多呢！

二、寫作觀摩篇

先觀察，開始寫！

讀過〈愛蓮說〉以後，我們也來模仿周敦頤的方法寫一篇文章。寫作時分成兩個部分，第一是設定你想要寫什麼「物」？第二是決定文章是什麼主題？假設我想描寫的是「貓」，主題就是藉著讚揚貓的個性，間接向讀者介紹自己的個性。

接著依序列出貓的幾種特質，同時對應到自己，比如：

1. 獨立：貓不愛黏著主人，我也喜歡獨來獨往。
2. 神祕：貓的安靜讓牠看起來很神祕，我的文靜內向也常讓人有這種感覺。
3. 敏感：貓對聲音和動作很敏感，我則是對別人的話語很敏感。
4. 慵懶：貓時常懶懶的在陽台曬太陽，我也時常躺在沙發不想動。
5. 狩獵者的敏銳：貓遇到獵物就變得很機警，我遇到對手時戰鬥力也會變強。

最後，再提出另外兩種動物來比較，比如狗或鳥，文章就大功告成了！寫作時不必刻意貶低別的動物，只要專注在歌頌和表揚貓就好了。

寫作GO！

〈我愛貓〉

適合作為寵物的動物何其多，養狗或養鳥都曾經蔚為風尚，但我唯獨只愛貓！貓的個性獨立、不依賴別人，總是很神祕的摸樣，感官很敏銳，舉止有一種近乎慵懶的優雅，但是當牠們遇到獵物，行動就會變得機警而敏捷。這些特質讓我想到自己，也是喜愛獨來獨往，個性文靜內向，對別人的話語很敏感，沒事的時候，就躺在沙發上不想動，但遇到了對手，戰鬥力卻又相當強。

喜歡享受被依賴的人，會養狗；喜歡欣賞美麗羽毛的人，會養鳥。至於我，最喜歡的，還是在品嘗孤獨時，能與我四目相對、又不會互相羈絆的貓。

三、寫作練習室

請參考〈愛蓮說〉和〈我愛貓〉，也來書寫某一樣「物」，寫成兩百字左右的短文：

1. 決定你想要描寫的對象，是什麼「物」？動植物、無生命的物皆可。

2. 文章的主題是讚揚這個「物」，請寫出它最迷人的地方。

3. 依序列出這個「物」的五種特質，同時對應到自己的個性：

✓ 第一：

✓ 第二：

✓ 第三：

✓ 第四：

✓ 第五：

4. 提出另外兩種「物」來比較，說明喜愛它們的人有什麼特點。

5. 最後再一次強調你對這個「物」的喜愛。

6. 請將以上的寫作材料，組織整理成一段短文。

19 戰神岳飛與他的良馬、庸才論：〈良馬對〉

創意小思路

動物是人類的好朋友，動物的行為，往往被寄予了人們的情感、記憶或想像。撰寫〈我們為何凝視動物〉一文的藝術史名家約翰・伯格（John Berger）認為，「唯有想像中的動物不容易消失」，我們在動物身上，總是能得到許多領悟。

人類經常從大自然中學習，從對萬物的觀察中得到領悟，創造了許多發明。比如根據蝙蝠超聲定位的原理，發明了探路儀；觀察動物的爪子，發明了現代起重機的掛鉤；觀察鳥的飛行，發明了飛機。這些都是大自然的恩賜。

當然，動物也能帶來哲理，或成為某種比喻，運用在文學創作當中。南宋抗金名將岳飛有一篇〈良馬對〉，寫得相當有趣，讓我們一同來欣賞。

一、閱讀篇

閱讀素養　南宋──岳飛〈良馬對〉

帝問岳飛曰①：「卿得良馬否②？」

對曰：「臣有二馬，日啗芻豆數斗③，飲泉一斛④，然非精潔即不受；介而馳⑤，初不甚疾，比行百里⑥，始奮迅，自午至酉⑦，猶可二百里，褫鞍甲而不息不汗⑧，若無事然。此其受大而不苟取⑨，力裕而不求逞⑩，致遠之材也。不幸相繼以死。今所乘者，日不過數升，而秣不擇粟⑪，飲不擇泉，攬轡未安⑫，踴躍疾驅，甫百里⑬，力竭汗喘⑭，殆欲斃然⑮。此其寡取易盈，好逞易窮，駑鈍之材也⑯。」

帝稱善。

大作家岳飛

岳飛（西元一一〇三年～一一四二年），字鵬舉，相州湯陰（今河南省安陽市湯陰縣）人，南宋抗金名將，又有「民族英雄」稱號。他曾官至樞密副使，封武昌郡開國公。孝宗時追諡武穆，寧宗時追封鄂王，理宗時改諡忠武。岳飛的文學才華也是將帥中少見的，有詞作〈滿江紅〉。著作收在《岳忠武王文集》。

岳飛出生在窮困的家庭，母親很重視教育，儘管資源十分缺乏，仍用樹枝在沙地上教他寫字，還鼓勵他鍛鍊身體。在這樣的教育下，岳飛知識淵博，還練就了一身好武藝，成為文武雙全的人才。當時金兵常侵略中原，岳母鼓勵兒子報效國家，在他背上刺了「精忠報國」四個字，成為他終生實踐的理想。

注釋

① 帝：指宋高宗趙構（西元一一〇七年～一一八七年），字德基，宋朝第十位皇帝、南宋第一代皇帝，在位三十五年。在位初期因為金朝強勢，為了保持江山，起用主戰派李綱、岳飛等人。但恐懼將領權力過大，為了強化統治，採取求和政策，在紹興十一年（西元一一四一年）與金朝達成紹興和議，重用主和派秦檜等人，處死岳飛，罷免李綱、韓世忠等主戰派，對金稱臣。從此，南宋與金朝形成南北對峙的局面。

② 卿：君對臣的美稱。否：用在問句的句尾，表示詢問。

③ 啗：音但，吃。芻豆：馬的飼料。芻，音除，草料。斗：量詞，計算容量的單位，十升為一斗。

④ 斛：音壺，量詞。古代計算容量的單位。十斗為一斛，後改作五斗為一斛。

⑤ 介：鞍甲，這裡做動詞，指披上鞍甲。

⑥比：音必，等到。

⑦自午至酉：從中午到黃昏。午，上午十一點到下午一點。酉，下午五點到七點。

⑧褫：音尺，脫掉、卸下。不息：不喘氣。

⑨受大而不苟取：食量大卻不隨便取用。苟，音狗，隨便、草率。

⑩力裕而不求逞：精力充沛卻不逞強。裕，充滿。

⑪秣不擇粟：馬吃飼料不選擇較精潔的小米。秣，音末，餵牛馬的穀粟等飼料，這裡做動詞。

⑫轡：音配，駕馭馬的韁繩。

⑬甫：才。

⑭汗喘：流汗喘氣。

⑮殆：大概、差不多。

⑯駑鈍：才能低下愚鈍。駑，音奴。

從〈良馬對〉學用動物作比喻

文中的君臣對答，發生在宋高宗紹興七年（西元一一三七年），岳飛奉旨入朝覲見高宗時。高宗先與岳飛從容的談論用兵之道，接著問岳飛在軍中是否得到好馬？於是，岳飛就藉著論良馬，來暗喻人才的優劣，回答了高宗的詢問。

岳飛一開始先談良馬，說牠們對飼料的要求很高，否則就不吃；跑步時，起步跑得不快，但是耐力很強，可以從早跑到晚。不但如此，卸下鞍甲以後，牠們像沒跑過似的不喘、不汗，這都是因為牠們對飲食有所選擇，也不逞一時之勇。

接著岳飛又說，自從這兩匹良馬死後，現在的馬可差多了，牠們對飼料和飲水都不挑剔，表面上，飼養的成本降低了，主人會比較輕鬆，然而馬鞍還沒套好，牠們就急躁得想奔跑，但跑沒多久就用盡力氣，這都是因為牠們愛逞強啊！

從觀察動物引發思考，再用比喻傳達思想，是一種吸引讀者注意的方式，說不定，我們欣賞「動物星球頻道」節目，也能得到許多領悟呢！在深入的閱讀理解後，讓我們向岳飛學習，也來寫一篇含義深刻的文章。

故事新編

岳飛入朝晉見皇帝，他深知前線雖然危險，但還比不上朝廷。皇帝的心是矛盾的，希望他守住江山，又怕他坐大，加上主和派的教唆，令他總感到內外交迫。

皇帝談完用兵之道後，略一沉吟，忽然問道：「愛卿是否曾得到好馬？」岳飛心想，古來皇帝多忌才，皇帝問這個問題，無非是想打探他在前線，是否搜羅好馬以為己用，不如趁勢對皇帝開導一番。

於是岳飛說道：「我曾有兩匹好馬，牠們每天吃好幾斗的飼料，喝一斛泉水，如果不是精潔的食水，牠們寧死不吃。給牠們披掛奔馳，剛開始速度不快，百里後，就放開腳步盡情奔跑，從午到晚，還可以跑兩百里。卸下鞍甲後，既不喘氣，也不流汗，渾若無事。但現在乘坐的馬就不是這樣，每天吃得少，而且不挑飼料，不擇飲水，拉住韁繩還沒坐穩，就快速奔跑，才跑一百里就沒力氣，流汗喘息，像死了一樣。這種馬容易滿足，又喜歡逞強，是低下的劣馬啊！」

皇帝點頭稱「是」，但這當然不是他想從岳飛口中聽到的答案。

二、寫作觀摩篇

先觀察，開始寫！

很多人寫作，最缺乏的就是題材，其實天地萬物都可以成為寫作的靈感。讀完〈良馬對〉以後，讓人對岳飛信手拈來都能比喻的功力，感到佩服不已！

如果想要仿寫，可以選一、兩種你最喜愛的動物來寫，仔細觀察牠的習性、生態，比較牠們的差異，從中設置比喻。平日可以閱讀心理學、哲學有關的書籍，或心靈雞湯類的文章，對寫作很有幫助。以下，就按步驟進行：

1. 描寫動物：先點出動物們各自的特色。比如說我有一隻白貓和一隻虎斑貓。
2. 書寫個性：藉由實例，比較動物各自的個性。比如說白貓很溫馴，從不挑食，也喜歡喝水；虎斑貓剛好相反。多年以後，白貓的腎臟還很健康，虎斑貓卻有了腎衰竭的現象。而且白貓總是被虎斑貓欺負。
3. 書寫習性：藉由實例，比較動物的習性。比如以剪指甲為例，白貓很乖，指甲很快就剪好了；虎斑貓一看到指甲刀就逃跑，導致牠的指甲長了，踩在地上很不舒服。

4. 提煉哲理：最後從動物的比較中得到哲理，與我們自身對應。比如從白貓身上領悟到，我們需要擁有白貓的溫柔，好應付瞬息萬變的世界。

透過比較兩種動物的習性和性格，突顯牠們的差異，總能帶給我們不少收穫。現在，就來寫一篇跟動物有關的小短文吧！

寫作GO！

〈白貓與虎斑貓〉

我有一隻全身雪白的白貓，和一隻全是斑紋的虎斑貓。

白貓很溫馴，從不挑食，也喜歡喝水；虎斑貓只肯吃固定的飼料，更換飼料就拒吃，想要牠多喝水，根本是不可能的任務。多年後，白貓的腎臟還很健康，虎斑貓卻有了腎衰竭的現象。兩隻貓平日都玩在一起，但白貓太溫和了，總是被虎斑貓欺負。

這兩隻貓的性格也相差很大。就拿貓最討厭的剪指甲來說，白貓很乖，總是任由我擺布，沒有兩三下，指甲就剪好了；虎斑貓一看到指甲刀，就迅速跳走，即使被我抓回來，也還要掙扎半天，只好草草收場，總是很難剪得乾淨，最吃虧的是牠自己，指甲長了，踩在地上其實很不舒服。

溫和，乍看之下有點吃虧，但「柔能克剛」，適應力卻是最強的。其實，我們需要擁有白貓的溫柔，好應付這個瞬息萬變的世界。

三、寫作練習室

請參考〈良馬對〉和〈白貓與虎斑貓〉，來寫一篇觀察動物的文章，按照下面的步驟，寫成三百字左右的短文：

1. 請決定你想要書寫的是哪兩種動物，描述牠們的特徵。

2. 請舉出實例，談一談這兩種動物的個性有什麼差異。

3. 請舉出實例，談一談這兩種動物的習性有什麼差異。

4. 從這兩種動物的比較當中，你獲得了什麼哲理？

5. 承上題，你領悟到的哲理，如何應用在你的生活中？

6. 請將以上的寫作材料，組織整理成一段短文。

卷四

身歷其境的賞遊紀實

20 李白和堂弟們的快樂「趴踼」：〈春夜宴桃李園序〉

創意小思路

「婦幼節到了！整個校園點綴了彩帶。」「教室裡逐漸沸騰起來，得到高分的同學紛紛躍起大叫。」「路旁圍得水洩不通，受傷的人已經送往醫院。」

以上不同場面的開頭，展示了不同背景的故事。場面描寫，指的是許多人物在一定時間、地點發生的共同活動，其中的一個生動畫面。場面主要由人物、事件和環境構成，重點在營造氣氛，如熱鬧、悲傷、歡樂、緊張等等。

文筆很有感染力的李白，就藉著一場宴會，描寫了歡樂的氣氛。讓我們仔細閱讀理解，學習書寫自己的經驗！

一、閱讀篇

閱讀素養　唐—李白〈春夜宴桃李園序〉

夫天地者，萬物之逆旅也①；光陰者，百代之過客也②。而浮生若夢③，為歡幾何？古人秉燭夜遊④，良有以也⑤。況陽春召我以煙景⑥，大塊假我以文章⑦。會桃花之芳園，序天倫之樂事⑧。羣季俊秀⑨，皆為惠連⑩；吾人詠歌⑪，獨慚康樂⑫。幽賞未已，高談轉清⑬。開瓊筵以坐花⑭，飛羽觴而醉月⑮。不有佳詠，何伸雅懷⑯？如詩不成，罰依金谷酒數⑰。

大作家李白

李白（西元七〇一年～七六二年），字太白，號青蓮居士，盛唐詩人，自言祖籍隴西成紀（今甘肅靜寧西南）。擅長寫詩，作品想像奇特豐富，風格雄奇浪漫，他的藝術成就，被認為是中國浪漫主義詩歌的巔峰。有「詩仙」之稱，與杜甫合稱「李杜」，賀知章稱他為「天上謫仙」。有《李太白集》傳世。

傳說李白小時候貪玩，經常逃學，在山中讀書時還沒學成，就想放棄。某天他又逃學，渡過一溪，見到老婦人正在磨鐵杵，就問她磨這個做什麼？老婦人說要磨成針。李白質疑，老婦人就說滴水能穿石，鐵杵也能磨成繡花針。於是李白領悟學習要有恆心的道理，努力用功，終於成就名垂千古的「詩仙」。

注釋

①逆旅：旅館，客舍。逆：迎接。
②過客：短暫停留的旅人，含有短促漂泊、渺小的意味。
③浮生若夢：人生好像短暫的夢幻。
④秉燭夜遊：感嘆時光易逝，須持火燭夜裡遊樂。比喻及時行樂。
⑤有以：有原因。這裡指人生有限，應夜以繼日的遊樂。以：緣故，理由。
⑥陽春：溫暖的春天。召：呼喚，吸引。煙景：春天氣候溫潤，景色似含煙霧。
⑦大塊：宇宙、天地、大自然。假：借，這裡指提供、賜予。文章：絢麗的文采。指大自然為人類提供美麗的景物。
⑧序：同「敘」，敘說。天倫：自然的倫常關係，如父子、兄弟等，這裡指兄弟。
⑨羣季：指李白的幾位弟弟。古時兄弟長幼之序，曰伯、仲、叔、季，所以用季代稱弟。
⑩惠連：謝惠連（西元四〇六年～四三三年），南朝宋人，謝靈運族弟。十歲就能寫文章，謝靈運認為他的文章，即使張華再生，也不能勝過他。世稱為「小謝」。

⑪詠歌：吟詩。

⑫康樂：謝靈運（西元三八五年～四三三年），謝玄之孫，世襲康樂公，世稱「謝康樂」。南朝劉宋時山水詩人，性好山水，所寫的詩開創山水寫實派風格。

⑬「幽賞未已」二句：一邊欣賞著幽靜的美景，一邊談論著清雅的話題。

⑭瓊筵：豐美珍貴的筵席。坐花：坐在花叢中。

⑮羽觴：古時爵形的盛酒杯，兩側有半月圓雙耳，就像鳥的雙翼。醉月：醉倒在月光下。

⑯伸：表白、陳述。

⑰金谷酒數：晉代石崇於金谷園宴請賓客，賦詩不成者罰酒三杯。見晉代石崇〈金谷詩序〉。後泛指宴會上罰酒之數。

從〈春夜宴桃李園序〉學寫歡樂的氣氛

這篇文章的文體是「序」，屬於「雜記類」。故事發生在唐開元二十一年（西元七三三年）前後，地點在今安陸兆山桃花岩。這是個愉快的故事，描述李白與幾位堂弟相聚在桃李園中，飲酒賦詩、敘天倫之樂，度過了難忘的夜晚。

內容分成三個部分。首先從「夫天地者」到「良有以也」，告訴我們古人秉燭夜遊的原因，是因為「浮生若夢，為歡幾何」。作者沒有直接告訴我們這次舉辦宴會的原因，而是說要效仿古人把握光陰，享受人生。他先用論述的方式宣告自己的人生態度，後面才開始敘述宴會的經過。

接著，是從「況陽春召我以煙景」到「獨慚康樂」，描寫景致的美好和天倫之樂的場面。

「陽春」和「大塊」是擬人法，說陽春吸引我，大塊施予我，我怎能辜負這片景致呢？而宴會的對象也很重要，能夠同時與諸位堂弟才子相會，談書、論學，作者心中的暢快可想而知。

最後作者認為，能夠參加美好的宴會，看著美景，聆聽眾堂弟高雅的談吐，應該要寫詩做個紀念，所以寫序闡述寫作的動機，更重要的是記錄參與這次宴會的感受。文章篇幅雖然短小，結構卻非常完整，正適合我們學習。

故事新編

伴著朦朧的月光，和著清涼的夜風，李白深深的吸了一口氣，鼻端似乎有淡淡的花香，沁人心脾。在夜色闌珊的春光下，身心是最愜意的。

李白舉起酒杯，對著在座的堂弟們說道：「諸位弟弟才華洋溢，好比謝惠連；而我的詩作吟詠，卻慚愧不如謝康樂。」他看看四周，深深覺得，春天用豔麗的景色召喚我，大自然將各種美好的形象賜予我，才有今晚在桃李園的宴會，訴說兄弟團聚的快樂時光。於是他提議道：「我們能欣賞美景，聆聽高遠的談吐，能擺開筵席坐賞名花，醉倒在月光中。此時不作好詩，怎麼抒發高雅的情懷呢？如果有人賦詩不成，就罰酒三杯吧！」大夥兒大笑。

李白不禁感嘆，天地是萬事萬物的旅舍，光陰是古往今來的過客，而人生浮泛，如夢一般，能有多少歡樂？古人秉燭夜遊，確實有道理啊！

二、寫作觀摩篇

先觀察，開始寫！

欣賞完〈春夜宴桃李園序〉以後，我們看見李白俯仰古今的廣闊胸襟，也看見了他的絕妙文筆。其實，想要寫出一篇有模有樣的文章，並不困難。

寫作的重點，主要是將情、景、事融合在一起，將氣氛渲染出來，就可以了。我們就來模仿李白，也寫一篇關於宴會的文章，描述自己的經驗和心得。寫作前，同樣要思考幾個問題，好幫助自己構思文章的內容：

1. 你參加的是什麼宴會？（答：謝師宴）
2. 你對這種宴會有什麼想法？（答：有感謝老師和離別前珍惜時光的意義）
3. 交代活動發生的時間、地點、人物。（答：畢業前一個月，餐廳，全班師生）
4. 當天活動的環境背景？（答：餐廳風格融合了南洋叢林的悠閒與時髦文青的典雅）
5. 活動進行時的氣氛？（答：熱鬧中有溫馨，歡笑中有不捨）
6. 宴會結束後，你有什麼感懷？（答：感到不捨，又充滿希望與期待）

上述的4、5、6是文章的重頭戲，要花一番心思描寫，最後，再加入感懷，讓文章有個感性的結尾。坐而言，不如起而行，現在就來寫寫看！

寫作GO！

〈謝師宴〉

人的一生都在經歷離別，我一直以為自己面對離別已經習以為常了，這場宴會後才發現，我永遠無法無動於衷。學會告別，實在是人生的功課。

在畢業的前一個月，我參加了一場謝師宴，為的是感謝老師，同時在畢業前珍惜與同學相聚的時光。這間餐廳的裝潢風格，融合了南洋叢林的悠閒與時髦文青的典雅，平日不修邊幅的同學都在今天盛裝出席。我們以美食搭配雅談，杯酒交錯，忙著傳遞食物，整個宴會熱鬧中有溫馨，歡笑中有不捨。

聚會總有結束的時候，離別猶如鈍刀子磨利，令人產生揪心的疼痛。但換個角度想，所有短暫的離別，不都是為了下次的相逢嗎？

三、寫作練習室

請參考〈春夜宴桃李園序〉和〈謝師宴〉，描述你參加宴會的經驗和感想，寫成兩百五十字左右的短文：

1. 請問你參加的是什麼宴會？對這類活動有什麼想法？

2. 請交代活動發生的時間、地點和人物？人物最好是一個群體。

3. 請描述當天活動的環境背景？例如所在的空間或季節特色。

4. 請描述活動進行時的氣氛？是歡樂、愉悅，還是悲傷？

5. 活動結束以後，你產生了什麼感懷？

6. 請將以上的寫作材料，組織整理成一段短文。

21 范仲淹的「即景生情」寫作法：〈岳陽樓記〉

創意小思路

在閱讀文章詩詞時，我們可以發現，有一種「情」，是從景物激發出來的，比如說，當作者置身在鳥語花香的環境時，筆端流瀉而出的，就可能是：「遲日江山麗，春風花草香。泥融飛燕子，沙暖睡鴛鴦。江碧鳥逾白，山青花欲燃。今春看又過，何日是歸年。」（杜甫〈絕句二首〉）這類句子。

這種寫法被稱為「即景生情」，特別的地方是景物決定了「情」，作者因為鳥語花香而感到喜悅，或因為連綿細雨而感到憂傷。比如上面的這首詩，從江山、春風、燕子、鴛鴦，寫到水鳥、青山，最後說：「今年的春天又要過去，不知什麼時候才是我回家的日子？」正是這些景，讓詩人觸發了思鄉之情。

現在，我們就來一起讀〈岳陽樓記〉，感受即景生情之美。

一、閱讀篇

閱讀素養　北宋——范仲淹〈岳陽樓記〉重點節錄

若夫霪雨霏霏①，連月不開。陰風怒號，濁浪排空②；日星隱耀，山岳潛形。商旅不行，檣傾楫摧③。薄暮冥冥，虎嘯猿啼。登斯樓也，則有去國懷鄉，憂讒畏譏④，滿目蕭然⑤，感極而悲者矣。

至若春和景明，波瀾不驚⑥。上下天光，一碧萬頃⑦。沙鷗翔集，錦鱗游泳⑧。岸芷汀蘭，郁郁青青⑨。而或長煙一空⑩，皓月千里。浮光躍金，靜影沉璧⑪，漁歌互答，此樂何極。登斯樓也，則有心曠神怡，寵辱偕忘⑫，把酒臨風，其喜洋洋者矣。

大作家范仲淹

范仲淹（西元九八九年～一〇五二年），字希文，諡號文正，蘇州吳縣（今江蘇省蘇州市）人，是北宋的政治家、文學家。文學素養高，寫有不少著名的作品，包括散文〈岳陽樓記〉，以及〈漁家傲〉、〈蘇幕遮〉等詞作，前者的「先天下之憂而憂，後天下之樂而樂」更是經典名句。著有《范文正公集》。

關於范仲淹的故事，令人印象最深刻的是他的勤勉。范仲淹少年的時候家境貧苦，他只好想辦法節儉。在長白山僧舍中讀書寄宿時，他每天將兩升的粟煮成粥，等到隔天，粥凝結成了，就用刀將粥劃為四塊，早、晚各吃兩塊，再搭配一些醃菜裹腹，就這樣過了三年，培養出勤儉自立的美德。

注釋

①霪雨：久雨。霏霏：雨繁密的樣子。
②陰風：北風，陰冷的風。怒號：形容大風狂吹。排空：形容海浪沖天。
③檣：音牆，船的桅桿。楫：音及，划船用的槳。
④去國：離開朝廷或京城。憂讒畏譏：擔心被人毀謗。
⑤蕭然：蕭條冷落的樣子。
⑥春和景明：春氣和煦，景物明麗。波瀾不驚：不起波濤。
⑦上下天光：指天色和湖景相映。一碧萬頃：形容碧綠的天空或水面遼闊無際。
⑧翔集：群鳥飛翔，留止於一處。錦鱗：美麗的魚。鱗：就是魚，以部分代全體。
⑨汀：水邊平地或河流中的小沙洲。芷蘭：香草。郁郁：香氣濃烈的樣子。青青：草木茂盛的樣子。
⑩長煙一空：大片的煙霧消失。

⑪ 浮光躍金：水上浮動的月光閃耀金色。靜影沉璧：平靜的水中映著月影，就像一塊水裡的玉璧。

⑫ 寵辱偕忘：對榮耀或受辱皆不動心，將得失置之度外。

從〈岳陽樓記〉學超美的「即景生情」

岳陽樓在湖南省岳陽縣，正面是洞庭湖，遙望君山，風景極佳，〈岳陽樓記〉中的「銜遠山，吞長江，浩浩湯湯，橫無際涯」，將景色形容得相當傳神。這篇文章是紀念岳陽樓，主角是「樓」，但景色的描寫極具魅力。

這裡收錄了第三、四段。第三段先寫出作者因為惡劣的天氣，而引發「去國懷鄉，憂讒畏譏」等悲傷的情感。但是筆鋒一轉，第四段則寫出天氣美好時，引起了「心曠神怡，寵辱偕忘」的喜悅心情，這兩段正好是對比。

作者從景色的描寫中，生出「即景生情」的感受，最後從這些感受中，推出「不以物喜，不以己悲」的人生觀，告訴我們，不要因為客觀環境好就高興，也不要因為自己的遭遇不幸就悲傷，人生啊，應該要豁達一點。

這種從景物引導出情感，再從情感領悟哲理的寫法，讓文章變得更有深度，是現今頗受歡迎的寫作方式，不妨提起筆來模仿一下。

故事新編

登岳陽樓有兩種心情，總溫柔的牽絆著我。

在那細雨連綿，下了好幾個月雨的季節，冷風狂吹呼號，混濁的浪濤沖向天空，日月星光都黯淡了，山岳也隱藏起來。桅杆倒了，船槳折斷了，商旅不再通行。到傍晚，天色昏暗，只聽見林子裡的虎嘯與猿啼。在這種情景下登岳陽樓，過去迫不得已離開京城、懷念故鄉的心情，就忽然湧現出來。我正憂心被讒言陷害，受人嘲笑，看到眼前淒涼的景象，不禁感傷極了。

但有時也有不同的感受。在暖和的春天，風平浪靜，天光與水色相映，眼前一大片的碧綠。沙鷗在湖面聚集飛翔，美麗的魚在水裡游泳，小洲上生長的香草，香氣濃郁，非常茂盛。有時一大片的煙霧消散了，皎潔的月光灑落下來，這時，水面浮動的月光閃耀著金色，平靜的水中投射了月影，猶如一塊沉在水中的玉璧。只聽漁夫們唱著歌，互相應答。在這種情景下登樓，心中的快樂，真是無窮盡！有一種心曠神怡，將所有的榮譽和恥辱全都拋開的感受。

我在這裡登樓喝酒，歡喜無限。人生啊！求的就是「豁達」而已。

二、寫作觀摩篇

先觀察，開始寫！

從閱讀〈岳陽樓記〉，我們了解了「即景生情」的寫法和妙處，就可以模仿它的寫法。假設你的面前有一片美好的景色，也許是黎明、黃昏，也許是山川、溪流，想一想，這片景色讓你觸發了什麼情感？又讓你領悟了什麼道理？

只要熟記三個步驟，就能學到〈岳陽樓記〉的精髓：

1. 先有畫面：選一個景色，具體的描寫。比如楓葉隨風飄落的景象。
2. 進行聯想：想想這個景色引發出什麼樣的心情？比如從葉子的共舞聯想到過世的弟弟，不能一起在人生的路上共舞，感到悲傷。
3. 推出哲理：把自己的人生觀寫出來，說明一番。比如告訴自己要逆向思考，跳脫悲傷，往樂觀的方向去想。

「聯想力」是寫作成功的關鍵，可以從生活上的小事著手，或回想平日有什麼煩惱，將它結合景色敘述出來，再加上哲理，就大功告成了！

寫作GO！

〈雙生楓葉〉

秋風吹過，楓樹林便開始嘩啦、唰啦的發出細碎的聲音。大片火紅的楓葉隨風飄落了下來，旋轉著，就像芭蕾舞者，在四周繞著圈圈，迷人至極！我的視線，落在了兩片交疊的楓葉上，它們似乎黏在一起，在空中盤旋共舞，落得相當緩慢。風再次吹過，那兩片楓葉又繼續向上飄浮，最後緩緩的落在地面，分開了。我親愛的弟弟，只比我晚一分鐘出生，因為意外失去了生命，我們一同來到這個世界，卻無法攜手在人生的路上共舞。每次觸景傷情，又要往悲傷的洞裡鑽時，我就提醒自己：帶著與弟弟的回憶好好的活著，就是懷念弟弟最好的方式。

三、寫作練習室

請參考〈岳陽樓記〉和〈雙生楓葉〉，也運用「即景生情」的方法，寫成兩百五十字左右的短文：

1. 選擇一個景色具體的描寫，可多用譬喻法和感官摹寫。

2. 這個景色位在哪裡？請描述一下地點或是環境。

3. 回想這個景色讓你引發出什麼心情？可多用象徵和比喻。

4. 這個景色，讓你聯想到什麼事件？請簡單敘述出來。

5. 從前文推出某種道理或哲理，說明一番。

6. 請將以上的寫作材料，組織整理成一段短文。

22 歐陽脩用層遞法教你寫景：〈醉翁亭記〉

創意小思路

寫作時講究邏輯順序，就不會漫無目的，掌握不住重點，文章也才能有清晰的思路、貫穿首尾的主題和引人深思的回味。所以身為一個寫作者，必須要求自己，能夠有邏輯、有順序的，將筆下的事物排列組合才行。

比如在說故事時，按時間的先後順序來寫，突顯「前因後果」的關係，讀者才有清晰的時間概念。寫遊記時，為了讓讀者想像環境位置，就按空間的順序來寫，讓讀者有清楚的空間概念，而「層遞法」是很好用的技巧。

現在，就透過閱讀歐陽脩的〈醉翁亭記〉，觀察大師是如何有層次的書寫景物，再練習將「層遞法」運用在寫作中。

一、閱讀篇

閱讀素養　北宋—歐陽脩〈醉翁亭記〉重點節錄

環滁皆山也①。其西南諸峯，林壑尤美②。望之蔚然而深秀者③，琅邪也④。山行六七里，漸聞水聲潺潺⑤，而瀉出于兩峯之間者，讓泉也⑥。峯迴路轉，有亭翼然⑦，臨于泉上者，醉翁亭也。作亭者誰？山之僧曰智僊也。名之者誰？太守自謂也。太守與客來飲于此，飲少輒醉⑧，而年又最高，故自號曰醉翁也⑨。醉翁之意不在酒，在乎山水之間也。山水之樂，得之心而寓之酒也⑩。

大作家歐陽脩

歐陽脩（西元一〇〇七年～一〇七二年），字永叔，號醉翁。吉州廬陵（今江西省吉安市）人，北宋文學家。他的貢獻是領導宋代的古文運動，成功改革晚唐五代以來內容空洞的文風，確立重道、重文的觀念，使古文復興。

歐陽脩在文學上有不凡的成就，過程其實非常勵志。據說，歐陽脩小時候家貧，買不起書本，偶然在隨州城南的李家借到了藏書，還在李家的舊紙簍中撿到了一本殘缺不全的韓愈文集，如獲至寶。經過苦心的閱讀，吸取韓文的精華，他深受韓愈的影響，立志要與韓愈並駕齊驅，成為新時代的文魁。

注釋

①環：圍繞。滁：音除，滁州，今安徽省滁縣。
②林壑：山林幽深的地方。壑，音獲。尤：格外的。
③蔚然：茂盛的樣子。深：谷深。秀：山景秀麗。
④琅邪：音郎爺。山名，在安徽省滁縣西南十里，也作「瑯琊」。
⑤潺潺：音纏，形容水流聲。
⑥讓泉：泉水名，在琅邪山醉翁亭下，取兩峰讓出之意，故名。
⑦翼然：像鳥張翅欲飛的樣子，形容亭子翹起的屋簷。
⑧輒：即，就。
⑨號：取別號。
⑩得：領會。寓：寄託。

從〈醉翁亭記〉學超有層次的「層遞法」

慶曆五年（西元一〇四五年），歐陽脩得罪當道，被貶為滁州知州，遠離官場上的鬥爭。他在公務繁忙之餘，常常帶眾出遊，尋山問水，安頓自己的心靈。隔年完成了〈醉翁亭記〉，透過描寫優美的景物，傳達與民同樂的理想。

歷來公認最精采的，就是這裡收錄的第一段。在開頭中，作者就用層遞法，範圍由大到小，依序描述醉翁亭的位置。首先是講「山」，從滁州出發，再把目標指向「西南諸峯」當中的「琅邪山」。接著講「水」，先說「水聲潺潺」，再確定目標為「讓泉」。再來講「亭」，說泉上有個亭子叫「醉翁亭」。

最後筆鋒一轉，講到了「人」。從建造亭子的「智僊」和尚，講到「太守」，作者在這裡賣了個關子，才告訴我們，原來太守就是「醉翁」。那麼，醉翁醉心的究竟是什麼呢？其實不是喝酒，而是這片美麗的「山水」。

用層遞法寫作，可以逐步集中焦點，慢慢將鏡頭推近，使我們宛如在看電影一般，腦海中也對醉翁亭的美景有了想像，是不是很精采呢？

故事新編

我站在亭子外往上看，彷彿能用上帝的視角俯瞰整個滁州。滁州的四面圍繞著山，西南面的那些山峰中，樹林、山谷格外優美，遠遠望去，樹木茂盛而且幽深秀麗的，正是琅邪山。沿著山路走了六、七里，漸漸聽見潺潺的水聲，一道流水從兩座山峰之間傾瀉而出，那就是讓泉。循著山路盤繞曲折的走，會看到一座屋簷翹起的亭子，像飛鳥展翅般架在泉上，就是「醉翁亭」了。

建造亭子的人是誰呢？是智僊和尚；給它取名的人是誰呢？是太守，太守用自己的別號「醉翁」來為它取名。太守跟賓客來到這裡喝酒，喝一點就醉，而且年紀最大，所以自號「醉翁」。醉翁醉心的並不是喝酒，而是欣賞山水之美，將山水美景的樂趣領會在心裡，寄託在酒上。

那麼醉翁是誰呢？醉翁就是我，歐陽脩是也！

二、寫作觀摩篇

先觀察，開始寫！

〈醉翁亭記〉的第一段，用的是「層遞法」，俗稱「剝筍法」，顧名思義，就是像剝竹筍般，先從外皮開始剝，最後露出最重要的筍心。寫作時，從事物的外圍開始寫，一層一層的寫到主角，可以把文章的層次感表現出來。

假如現在要寫一篇遊記，就可以用這個方法描述民宿或旅館的位置。在寫作前，先將想寫的事物按照順序排列出來：

1. 地區：宜蘭縣的冬山鄉。
2. 公路：走在揚起塵煙的公路上，沿途有許多大卡車經過，很像工業區。
3. 稻田：離開了公路，走進了鄉間小路，兩旁都是鮮綠色的稻田。
4. 溪流：走在便橋上，橋底下有小溪潺潺的流過。
5. 民宿：經過溪流後，民宿就出現在眼前了，是一棟古樸簡約的建築物。

建議至少要設計五個層次，才能讓讀者有層層揭開面紗，最後見到真面目的印象。現在就來欣賞範文，然後跟著引導練習寫作！

寫作GO！

〈左轉遇到呆宅〉

宜蘭縣的冬山鄉沒有高山，也不臨近海洋，卻充分利用丘陵和平原，創造出屬於自己的特色。我們下了火車，轉搭計程車來到這裡，拉著行李箱，走在揚起塵煙的公路上，沿途有許多大卡車經過，很像工業區。走了二十分鐘後，我們離開公路，轉進了一條鄉間小路，路的兩旁都是一望無盡的稻田，那種鮮綠色彷彿能洗去我身上的塵土。隨著手機GPS的導引，我們走上了便橋，橋下有清澈的小溪潺潺的流過，發出細碎的聲音。下了橋以後，再向左轉，民宿「呆宅」就豁然出現在眼前，那是一棟古樸簡約的建築物，正靜靜的等待著我們的到來。

三、寫作練習室

請參考〈醉翁亭記〉和〈左轉遇到呆宅〉，試著書寫自己的旅遊經歷，寫成兩百五十字左右的短文：

1. 決定你想要描述的旅遊地點，描述那個地方的特色。

2. 使用層遞法（剝筍法），將沿途的風景分為五個層次：

✓ 地區：

✓ 第二層：

✓ 第三層：

✓ 第四層：

✓ 目的地：

3. 這次的旅遊，還有哪些人跟你一起同行？

4. 請描述你印象最深刻的畫面，可以是建築物或是風景。

5. 請將以上的寫作材料，組織整理成一段短文。

23 曾鞏教你問問題，刺激大腦思考：〈墨池記〉

創意小思路

問問題，是深入了解事情的最佳辦法，這樣才能促使我們去尋找答案。每一位偉大的科學家都會問自己許多問題，比如牛頓問：「為什麼蘋果會從樹上掉下來？」達爾文問：「為什麼加拉巴哥群島有這麼多別處沒有的物種？」愛因斯坦則問：「如果我搭乘一道光穿越宇宙，宇宙看起來會是怎樣？」

提問有很多好處，可以激勵人心、啟發創意、促進合作和解決問題。有創意的人，往往能夠提出最好的問題，以激發想像力，刺激大腦思考。所以，寫作時運用設問法，往往能激發寫作的靈感，也能促使讀者進行思考。

北宋的文學家曾鞏，很懂得用設問法對讀者提問。現在，讓我們透過閱讀古文，來一窺提問題的好處，以及大師寫作的祕法。

一、閱讀篇

閱讀素養　北宋—曾鞏〈墨池記〉重點節錄

臨川之城東①，有地隱然而高②，以臨於溪，曰「新城」。新城之上，有池窪然而方以長③，曰「王羲之之墨池」者④，荀伯子《臨川記》云也⑤。羲之嘗慕張芝⑥，臨池學書，池水盡黑，此為其故跡，豈信然邪？方羲之之不可強以仕⑦，而嘗極東方⑧，出滄海⑨，以娛其意於山水之間，豈有徜徉肆恣⑩，而又嘗自休於此邪⑪？

羲之之書，晚乃善，則其所能，蓋亦以精力自致者，非天成也⑫。然後世未有能及者，豈其學不如彼邪⑬？則學固豈可以少哉⑭！況欲深造道德者邪？

大作家曾鞏

曾鞏（西元一〇一九年～一〇八三年），字子固，建昌南豐（今江西南豐）人，北宋散文家，「唐宋八大家」之一。為歐陽脩的學生，並稱「歐曾」。曾受宋神宗邀請，到京師擔任中書舍人，進行編修史書工作。著有《元豐類稿》、《續元豐類稿》等，代表作為〈墨池記〉。文風古雅平正，擅長引經據典。

曾鞏不畏權勢，他剛到濟南擔任知州時，就發生了一件棘手的事：有個周姓富人，他兒子周高為富不仁，橫行鄉里，引發很大的民怨，但周家勢力龐大，更與地方官等權貴有所勾結，官府一直無法將周高繩之以法。曾鞏一上任，馬上搜集證據，將周高法辦，讓地方鄉里都感到大快人心。

注釋

①臨川：宋朝撫州臨川郡，今江西省臨川縣。
②隱然而高：微微凸起的樣子。
③窪然：低深的樣子。方以長：方而長。
④王羲之：（西元三〇三年～三六一年），字逸少，東晉人，官至右軍將軍、會稽內史，世稱王右軍。古代有名的書法家，世稱「書聖」。墨池：相傳為王羲之寫字洗筆的水池。
⑤荀伯子：（西元三七八年～四三八年），南朝宋人，曾任臨川內史。著有《臨川記》六卷。
⑥張芝：（西元？年～一九二年），東漢末年的書法家，他的草書精勁絕倫，世稱「草聖」。相傳臨池學書，池水盡黑，受到王羲之的推崇。
⑦方：當。強以仕：勉強要他作官。

⑧極：窮盡。
⑨滄海：大海，指東海。
⑩徜徉：安閒自在的徘徊。肆恣：任意，盡情。
⑪休：停留，休息。
⑫天成：自然所成就的。
⑬豈其學不如彼邪：是不是他們下的工夫不如王羲之呢？豈：是否。
⑭則學固豈可以少哉：那麼學習的工夫難道可以少嗎？固：原來。豈：難道。

從〈墨池記〉學提問以啟發思考

在宋仁宗慶曆八年（西元一〇四八年）的九月，曾鞏前往江西臨川旅遊，此行最重要的，就是觀賞王羲之的墨池遺跡。州學教授王盛於是請曾鞏為墨池作記，他就根據王羲之「臨池學書、池水盡黑」的事蹟，完成了這篇名垂千古的文章。

文章的寫法相當有特色：首先大略的描寫墨池的地理位置、環境和狀貌，接著由墨池相關的傳說開始，從張芝談到王羲之刻苦用功練習的精神，說明他的成就是來自於後天的學習，而不是天生就有的，強調「學習的重要」，並且勉勵後學的讀者，在學業和道德修養上，都應該秉持這種精神。

為了引導我們的思考，作者大量的運用設問法，文章篇幅短小，卻出現了六個問句：「豈信」、「豈有」、「豈其」、「況欲」、「因以」、「其亦」，語氣委婉含蓄，引人深思。有時只問不答，有時自問自答，或用問話抒發情懷，變化多端，實在是一篇理性、感性、記敘、議論兼有的優秀作品，值得我們欣賞與學習。

故事新編

在州學教授王盛先生的帶領下，我來到了墨池。

臨川城的東面，有一塊凸起的高地，靠近溪流，叫做新城。新城上面，有個低深的長方形池子，據荀伯子《臨川記》的記載，是王羲之的洗墨池。羲之很仰慕書法家張芝「臨池學書，池水盡黑」的精神，傳說這是羲之的遺跡，我想問的是，這難道是真的嗎？當羲之不願勉強做官時，曾遊遍東方，出遊東海，山光水色讓他的心情快樂，莫非他盡情遊覽時，曾在這裡停留過？我在這裡，低迴不已。

墨池的旁邊，現在是撫州州學的校舍，我看見「晉王右軍墨池」六個字，正掛在屋前的兩柱之間。我想到，羲之的書法到了晚年才特別精妙，他有這樣的成就，應該是靠自己刻苦用功練習而來的，並不是天生就有。大家試想，後代的人沒有一個能勝過羲之，恐怕是他們下的工夫不如羲之吧？學習的工夫怎麼可以缺少！何況是那些想在道德修養上有成就的人呢？

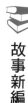

二、寫作觀摩篇

先觀察，開始寫！

讀完了〈墨池記〉，我們發現，作者有時問的問題，是沒有答案的，這叫做「疑問」；有時問句的後面，緊接著答案，叫做「提問」；有時答案就在問題的反面，叫做「激問」。這三種是設問法常見的變化。

思辨性質的文章很適合用設問法，帶領讀者層層深入的思考問題。假如今天想寫一篇關於「學生應不應該穿制服上學」的文章，我們可以這麼想：

1. 提問：到底學生應不應該穿制服上學？我認為可以折衷思考，在一週五天的上學日當中，妥善安排穿制服與穿便服的日子。
2. 疑問：家境不好的同學，眼見其他同學天天換新衣，光鮮亮麗的上學，心裡是否疑惑：「每天都這麼穿，我家負擔得起嗎？」
3. 激問：遇到外賓參訪的時候，難道不該穿制服嗎？遇到校慶等輕鬆的日子，難道不該穿便服嗎？

寫作前，先把立場想好，再一層層的分析問題。用設問法讓行文的語氣變化更豐富，又能引起讀者的思考，就是一篇好文章了！

寫作GO！

〈學生應不應該穿制服上學〉

到底學生應不應該穿制服上學？這個問題，並不是天平的兩端，應該要多方面去思考。支持穿制服的人，也許該想一想，穿制服雖然整齊，但也比較呆板，學生更失去了管理自我穿著的機會。而支持穿便服的人也應該想到，雖然可以每天換衣服、換心情；但家境不好的同學，眼見其他同學天天換新衣，光鮮亮麗的上學，心裡是否會疑惑：「每天都這麼穿，我家負擔得起嗎？」

其實，兩者各有優點和缺點，比如遇到外賓參訪的時候，難道不該穿制服嗎？遇到校慶等輕鬆的日子，難道不該穿便服嗎？所以，我認為可以折衷思考，在一週五天的上學日，妥善安排穿制服與穿便服的日子，或許才是解方。

三、寫作練習室

請參考〈墨池記〉和〈學生應不應該穿制服上學〉，也來寫一篇「學生應不應該穿制服上學」，按照下面的步驟，寫成兩百五十字左右的短文：

1. 先決定你支持的是穿制服還是穿便服，或是想要折衷思考。

2. 承上題，寫出你支持某一方的理由。

3. 將穿制服上學的優缺點列出至少三點。

✓

✓

4. 將穿便服上學的優缺點列出至少三點。

✓

✓

✓

✓

5. 用設問法造句，請創造疑問、提問、激問的句子。

6. 請將以上的寫作材料，組織整理成一段短文。

24 跟蘇軾一起去承天寺夜遊：〈記承天寺夜遊〉

創意小思路

所有的創意都來自於觀察，觀察是創作的來源，舉凡自然界的一草一花、街上的一磚一瓦、經過的路人、與你互動的每個對象，都是靈感的來源。創作是三分靠想像，七分靠觀察，如果想讓文章有創意，培養觀察力就是第一要務。

那麼，該如何培養觀察力呢？首先要戴上福爾摩斯的眼鏡，不是辦案，而是觀察事物是否有什麼異狀；其次是戴上「聯想」的眼鏡，隨時想到人、事、物和自己的關係；第三是戴上螞蟻的眼鏡，從細微之處描寫你所看到的世界。

仔細觀察完以後，還要有內照於心的覺察力量，覺察自己對外物（人物、景物）的深層感受，加上一點哲理，有層次的描述出來。現在，就透過閱讀蘇軾的古文，來一窺大師對景物的奇思妙想。

一、閱讀篇

閱讀素養　北宋─蘇軾〈記承天寺夜遊〉

元豐六年十月十二日夜①，解衣欲睡，月色入戶②，欣然起行。念無與為樂者③，遂至承天寺尋張懷民④。懷民亦未寢，相與步於中庭⑤。庭下如積水空明⑥，水中藻荇交橫⑦，蓋竹柏影也⑧。何夜無月？何處無竹柏？但少閒人如吾兩人者耳⑨。

大作家蘇軾

蘇軾（西元一〇三七年～一一〇一年），字子瞻，號東坡居士，眉州眉山（今四川省眉山市）人，北宋著名的文學家、政治家、藝術家。官至端明殿學士兼翰林學士、禮部尚書。他在散文、詩、詞、賦都有極高的成就，也擅長書法和繪畫，是文學藝術史上的通才。有《東坡先生大全集》及《東坡樂府》流傳後世。

蘇軾有不少趣聞都與佛印禪師有關。有一天，蘇軾做了一首詩：「稽首天中天，毫光照大千，八風吹不動，端坐紫金蓮。」讓書僮帶給佛印看。佛印就批了「放屁」二字，請書僮帶回去。蘇軾見後大怒，立即過江責問佛印。佛印卻大笑說：「學士，學士，您不是『八風吹不動』嗎？怎麼一『屁』就打過了江？」

注釋

①元豐六年：元豐，宋神宗趙頊的年號。當時作者因烏臺詩案已被貶黃州四年之久。
②戶：一扇門稱為「戶」。
③念：惦記，想到。
④承天寺：故址在今湖北黃岡縣城南。張懷民：名夢得，字懷民，清河（今河北清河）人。元豐六年也被貶到黃州，住在承天寺。
⑤相與：相偕。中庭：住宅等建築物中央的露天庭院。
⑥空明：形容月色如水般澄淨明亮。
⑦藻荇：水草。荇，音幸。交橫：縱橫錯雜。
⑧蓋：原來是。語氣詞。
⑨但：只是。閒人：指不汲汲於名利而能從容欣賞美景的人。耳：而已、罷了。

從〈記承天寺夜遊〉學超有內涵的遊記

宋神宗元豐二年七月，發生了著名的「烏臺詩案」，這是一場頗具規模的文字獄。御史李定等人，挑出蘇軾以前所寫有關「新法」的詩文，群起攻擊陷害，想置他於死地，導致他入獄一百三十天。後來出獄，就被貶謫到黃州，只能做個有職無權的閒官。當時蘇軾近乎流放，就藉著這篇短文來抒發心境。

文章先點明時間，然後寫景。「入戶」將月光給擬人化了，彷彿說月光主動進來與作者為伴，暗示作者的孤獨。作者像看見老友般迎向月色，讓文章有了溫暖的開始。接著寫人，作者前往承天寺找張懷民作伴，正好懷民也還沒就寢，彷彿好友之間情感深厚，心有靈犀。於是他們一起去中庭散步。

接著又是寫景，繼續回頭書寫月色。文章描述：「庭下如積水空明，水中藻荇交橫，蓋竹柏影也。」作者發揮想像力，用水來形容清澈的月光，又用水草交錯，來形容樹枝的影子，這三句沒有一個字提到月，卻充滿了月的畫面和意境。而結尾的「閒人」除了表達閑適的心境，也有自嘲的意味。

這篇遊記的語言相當樸實、自然，短短的篇幅，卻有豐富的內涵，很適合我們學習，在閱讀理解以後，不妨提起筆來試寫一下吧！

故事新編

我永遠記得元豐六年十月十二日那晚。我正準備解衣就寢，恰好看到月光悄無聲息、貓步般的灑入屋內，彷彿在召喚我，於是我高興的起身出門，迎向這片月光。想到身邊沒有個共同遊樂的伴，就到承天寺找張懷民。懷民也還沒就寢，我們就一起在庭院中散步。月光投射在庭院中，宛如積水般清澈透明，恍惚間，像看見有水草在其中交錯，原來是竹子與松柏的影子。哪個夜晚沒有月亮？哪個地方沒有竹子和松柏呢？只是缺少像我們兩個這樣清閒的人罷了。

二、寫作觀摩篇

先觀察，開始寫！

這篇〈記承天寺夜遊〉主要是從書寫平凡中跳出主旨。試想，無論是在夜晚看到月光興起夜遊之意、寺廟訪友，還是看見地上的月光、樹影，都是非常平凡的小事，如果主角是個大官，怎麼有閑情逸致欣賞平凡的事物呢？

主旨因而跳躍出來，點出「閒人」，除了帶有小小的自嘲，也傳達作者隨遇而安的心境。我們也可以模仿這樣的寫法，寫一篇「記後陽台賞雲」，描述自己因為新冠肺炎（COVID-19）停課在家的心情：

1. 背景：將時間、地點記下來。比如二〇二一年的六月六日下午，在自家後陽台。
2. 寫景1：描述你看到的景色。比如：「蔚藍的天空中懸掛著宛如輕紗的雲彩，自在的漂浮著，是那麼的純潔、天然，不加修飾卻楚楚動人。」
3. 寫人：加入另一個人。比如：「我覺得有點孤單，就回到房間，看到妹妹寫功課累了，正在伸懶腰，於是我拉著她出來賞雲。」

4. 寫景2：描述你跟另一個人共同看到的景色。比如：「雲似乎發現了我們，隨風飛快的向下挪移，使太陽露出了永久不衰的笑臉，散發光與熱，並透過雲朵，透射出完美的金邊。」

5. 結語：最後寫下簡單的結語。比如：「平常我們都在學校上課，很少能在午後當個閒人，到後陽台賞雲。」

寫遊記不一定要遊覽名勝古蹟、大江大海，即使是附近的小公園、一條小河岸邊、自家小陽台，也能成為遊記的場景，寫出平凡中的不平凡！

寫作GO！

〈記後陽台賞雲〉

二〇二一年的六月六日下午，我寫功課累了，到自家後陽台上欣賞雲朵。蔚藍的天空懸掛著宛如輕紗的雲彩，她自在的漂浮著，是那麼的純潔、天然，不加修飾卻楚楚動人。我覺得有點孤單，就回到房間，看到妹妹正在伸懶腰，於是我拉著她跟我一起出來賞雲。雲似乎發現了我們，隨風飛快的向下挪移，使太陽露出了永久不衰的笑臉，散發光與熱，並透過雲朵，透射出完美的金邊。平常我們都在學校上課，很少像這樣能在午後當個閒人，到後陽台賞雲呢！

三、寫作練習室

請參考〈記承天寺夜遊〉和〈記後陽台賞雲〉，也來寫一篇生動的小遊記，按照下面的步驟，寫成兩百字左右的短文：

1. 先決定你這篇遊記的背景，例如時間和地點。

2. 決定你想描寫的景物，並描述出來，最好能運用譬喻法。

3. 寫出次要人物，描述一下他跟你的關係和他的模樣。

4. 加強描述景物，可以再加上擬人法，讓文章更生動。

5. 寫出文章的主旨或是結語，將你的心境烘托出來。

6. 請將以上的寫作材料，組織整理成一段短文。

25 袁宏道帶你玩超美西湖：〈晚遊六橋待月記〉

創意小思路

愛美之心，人皆有之。審美品味的高低，最能反映人的氣質。我們培養自己具有高層次的審美意識，才能在富有個性的審美觀中，建立自尊與自信。那麼，我們該如何在日常生活中，增進自己的審美素養呢？

首先在空間上，要營造具有美感的家庭環境。日常的整理、打掃之外，在房間放置圖畫、藝術品、書籍，都能增添人文氣質。再來是運用影音媒介，比如用電視、電影、音樂、繪畫來拓展想像力，調動多種感官感知，引發審美心理。

最後，可以閱讀文學作品，陶冶情感和開展視野，好讓心靈豐盛、美好。現在，就來欣賞明代袁宏道的〈晚遊六橋待月記〉，看大師如何審美。

一、閱讀篇

閱讀素養　明—袁宏道〈晚遊六橋待月記〉

西湖最盛①，為春，為月。一日之盛，為朝煙，為夕嵐②。今歲春雪甚盛，梅花為寒所勒③，與杏桃相次開發④，尤為奇觀。石簣數為余言⑤：「傅金吾園中梅⑥，張功甫玉照堂故物也⑦，急往觀之。」余時為桃花所戀，竟不忍去湖上。由斷橋至蘇堤一帶⑧，綠煙紅霧，瀰漫二十餘里。歌吹為風⑨，粉汗為雨，羅紈之盛⑩，多於堤畔之草，豔冶極矣。

然杭人遊湖，止午、未、申三時⑪，其實湖光染翠之工⑫，山嵐設色之妙，皆在朝日始出，夕舂未下⑬，始極其濃媚。月景尤不可言，花態柳情，山容水意，別是一種趣味。此樂留與山僧遊客受用，安可為俗士道哉⑭！

大作家袁宏道

袁宏道（西元一五六八年～一六一〇年），字中郎，明湖北省公安縣人，文學家。與兄袁宗道、弟袁中道並有才名，人稱「三袁」，宏道又是三袁中文學成就最高的。三袁發揚李卓吾「童心」思想，要求文學的語言「寧今寧俗，不肯拾人一字」，主張文學重性靈、貴獨創，風格清新俊逸、情趣盎然，世稱「公安派」。

在袁宏道準備進京趕考前，老師問他：「什麼是為官之道？」袁宏道說：「忍！守住人格，保有不為權貴所動的忍性。」老師囑咐完就讓他趕考去了。後來他當了官，幾年後卻辭官不做了。老師問他：「你為什麼辭官？」袁宏道答：「為官不忍！當官的要狠心搜刮百姓的血汗，我於心不忍，只好辭官不做。」

注釋

①西湖：位於杭州市，唐後始稱西湖。風景綺麗，有「蘇堤春曉」、「斷橋殘雪」、「南屏晚鐘」、「雷峰夕照」等著名美景。

②嵐：山中的霧氣。

③勒：約束、限制。這裡指梅花因大寒而遲開。

④開發：花朵綻放。

⑤石簣：指陶望齡，號石簣，紹興人，公安派文學家。數：屢次。余：我，指作者。

⑥傅金吾：金吾為官名，明軍中有金吾衛。

⑦張功甫：指張鎡，字功甫，號約齋，南宋人。

⑧斷橋：又名段家橋，位於白堤東頭。蘇堤：元祐五年（西元一〇九〇年），蘇軾知杭州，築長堤，橫截

湖面，綿延數里，夾道雜植花柳，稱為蘇堤。

⑨歌吹：歌唱和奏樂。

⑩羅紈：絲綢。這裡指穿著絲綢的仕女遊人。

⑪午、未、申三時：約上午十一時到下午五時。

⑫工：精緻，巧妙。

⑬夕春：指落日、夕陽。

⑭安：怎麼。

從〈晚遊六橋待月記〉學超有美感的素養

萬曆二十五年（西元一五九七年），袁宏道終於辭去了知縣的工作，無官一身輕的他，就前往吳越之地漫遊。他在西湖賞花，第一次看到嚮往已久的杭州西湖，徜徉在美麗的湖光山色之間，寫下了這篇動人的〈晚遊六橋待月記〉。

文章在開場就先介紹西湖美景的特色，說這裡一年中最美的是春天、是月夜，而一天中最美的是日出和日落後的霧氣。也就是說，西湖的景色無論是在白天或晚上，都是美麗的！這樣的說法，相當引人神往。

接著作者描寫了西湖邊盛開的花，說因為氣候的緣故，冬天的梅花和春天的杏花、桃花同時間開放，景觀相當特別。隨即在這裡插入一段小事，表面上淡淡的說好友石簣拉他去欣賞古梅，但他不肯去，其實是極力讚美西湖的花，所以賞花勝過欣賞古梅。然後以下再詳細的描繪西湖的花草。

在最後一段，作者認為一般杭州人遊覽西湖，往往來錯了時間，他雖然也是個遊客，卻比當地人更懂西湖，知道如果想欣賞真正的西湖美景，應該選在春天的月夜時分前來，這種樂趣只能留給山僧這類懂得鑑賞的人。

我們可以看見，作者擁有超凡脫俗的審美素養，才能獨具慧眼，捕捉到西湖的美。我們也應該提升素養，讓生活中增添許多情趣。

故事新編

我是西湖，長久以來，總是靜靜的躺在這裡，看著人來人往的遊客，然而今天我有話想說。其實一年中我最美的時候是在春天、在月夜，一天裡最美的是早晨和傍晚，那時的霧氣，讓我的臉龐彷彿上了一層輕紗。

今年的雪多，梅花因為寒氣延後開花，就與杏花、桃花次第開放，讓我的美更獨特了。這裡有多吸引人呢？袁宏道先生曾說，他的好友石簣先生想拉他去觀賞傅金吾園中的梅花，那可是南宋張功甫玉照堂中原有的古梅，他卻迷戀這兒的桃花，捨不得離開我。從斷橋到蘇堤，柳葉飄拂如綠煙，桃花盛開如紅霧，瀰漫二十多里。在岸上，有美妙的音樂伴奏，有帶粉香的仕女，穿著綢緞的遊客很多，美極了！

但杭州人來這裡的時間總不湊巧，其實我最美的時刻，在早晨和將要落日時分。這裡的月景，美到難以形容。那花態、柳情、山容、水意，更別有一番韻味。我想這種樂趣，只有不同凡俗的山僧和袁宏道先生才能了解。

二、寫作觀摩篇

先觀察，開始寫！

這篇〈晚遊六橋待月記〉的文筆清新俊逸，最有特色的地方，就是作者在第二段用了「插敘」。作者想談西湖的花，才寫了幾句，就忽然岔開來，寫他拒絕跟朋友去看古梅，而選擇在西湖賞花的事，讀來相當有趣。

插敘，可以使文章的主要情節更加豐富，寫法就是在敘事時中斷，插入相關的另一件事。想一想，有什麼事物是你最欣賞的呢？跟著以下的步驟寫寫看：

1. 決定對象：決定你想要書寫的對象。比如在整排光禿禿的磚牆上，生長的一株小草。
2. 大略勾勒：簡單勾勒出寫作對象的情狀。比如，在街道上走著，忽然看見一株小草露出尖尖的芽，正奮力的鑽出水泥。
3. 插敘事件：穿插一件往事進去。比如，記得我剛進入國中就讀時，不能適應考試的競爭，感覺自己的雄心壯志很快就被擊倒了。某一天，在學校的圍牆外，也看到這麼一抹綠，我的心瞬間被點亮了。

4. 工筆細描：用細緻的筆觸，描繪事物的特徵。比如，綠草與紅磚相映，小草透明的葉脈，以及小草讓冷硬的磚牆充滿生機。

最後記得要在結尾加上一些感悟，有了這個，才能拉高文章的層次，展現思想上的深度。現在就來練習書寫吧！

寫作GO！

〈小草〉

走在街道上，旁邊新蓋不久的紅磚牆，磚塊排列得整整齊齊，散發人工的喜悅。但就在那兒，才更能領悟到生命的頑強。

我停下腳步，忽然看見牆角有一株小草露出尖尖的芽，奮力的鑽出水泥。

記得我剛進入國中就讀時，不能適應考試的競爭，感到自己的雄心壯志很快就被擊倒。那時，在學校的圍牆外，也看到這麼一抹綠，我的心瞬間被點亮了。

小草與紅磚相映，訴說的正是一種堅強的韌性。陽光灑落在它身上，讓細細的葉脈顯得透明透亮的；它的體態纖細、孱弱，中心的莖卻相當強韌，足以令它堅持很久。它讓這面冷硬的磚牆充滿了生機，也帶給我許多力量。

三、寫作練習室

請參考〈晚遊六橋待月記〉和〈小草〉，將欣賞事物的美好感受書寫下來，按照下面的步驟，寫成兩百字左右的短文：

1. 請決定你想要書寫的是什麼對象，並點出環境、背景。

2. 請簡單的勾勒出寫作對象的情狀，就像用望遠鏡看個大概。

3. 用「插敘法」，穿插一件往事進去，這件事情要能緊扣你的感悟。

4. 請用細緻的筆觸，描繪這件事物的特徵，同樣緊扣你的感悟。

5. 最後，再將你的感悟明白、完整的訴說出來。

6. 請將以上的寫作材料，組織整理成一段短文。

閱讀寫作神救援！

小麥田 從新古文觀止打造寫作實力的25堂課

作　　者　高詩佳
封面設計　黃鳳君
協力編輯　曾淑芳
責任編輯　巫維珍

國際版權　吳玲緯　楊靜
行　　銷　闕志勳　吳宇軒　余一霞
業　　務　李再星　李振東　陳美燕
編輯總監　劉麗真
事業群總經理　謝至平
發 行 人　何飛鵬
出　　版　小麥田出版
地址：115台北市南港區昆陽街16號4樓
電話：(02)2500-0888
傳真：(02)2500-1951
發　　行　英屬蓋曼群島商家庭傳媒股份有限公司城邦分公司
地址：115台北市南港區昆陽街16號8樓
網址：http://www.cite.com.tw
客服專線：(02)2500-7718｜2500-7719
24小時傳真專線：(02)2500-1990｜2500-1991
服務時間：週一至週五09:30-12:00｜13:30-17:00
劃撥帳號：19863813　戶名：書虫股份有限公司
讀者服務信箱：service@readingclub.com.tw
香港發行所　城邦（香港）出版集團有限公司
地址：香港九龍土瓜灣土瓜灣道86號順聯工業大廈6樓A室
電話：+852-2508-6231
傳真：+852-2578-9337
馬新發行所　城邦（馬新）出版集團【Cite(M) Sdn. Bhd. (458372U)】
地址：41-3, Jalan Radin Anum, Bandar Baru Sri Petaling, 57000 Kuala Lumpur, Malaysia.
電話：+6(03) 9056 3833
傳真：+6(03) 9057 6622
讀者服務信箱：services@cite.my
麥田部落格　http://ryefield.pixnet.net
印　　刷　前進彩藝有限公司
初　　版　2022年2月
初版四刷　2024年7月
售　　價　399元

ISBN 978-626-7000-28-1
ISBN 9786267000298 (EPUB)

國家圖書館出版品預行編目資料

閱讀寫作神救援！：從新古文觀止打造寫作實力的25堂課／高詩佳著. -- 初版. -- 臺北市：小麥田出版：英屬蓋曼群島商家庭傳媒股份有限公司城邦分公司發行, 2022.02
面；　公分
ISBN 978-626-7000-28-1（平裝）

1. 漢語教學　2. 寫作法　3. 作文　4. 小學教學

523.313　　110016902

詩佳老師的創意思考遊戲書

教師、家長、孩子最適用的讀與寫手冊

高詩佳——著

「創意」是一種創新與突破的能力。

富有創意的思考方式，可以幫助我們擺脫既有框架的限制，在深入的觀察、分析後，藉由逆向、水平、矛盾等翻轉思考，找到意想不到的問題解決方式。我們可說，人類之所以有別於其他動物，創造現今的文明與生活，就在於我們能夠創意的思考！

這本小冊子可以獨立使用，也可以連結《閱讀寫作神救援！》中的「創意小思路」單元，藉著一連串有趣的遊戲設計，幫助你掌握創意思考的祕訣。以下，就讓我們遊戲GO！

一、創意的開始：觀察

想寫出充滿生活氣息、富有畫面感的好文章，就要先透過觀察，研究你想要描寫的對象（包含人物、動物、植物、物體），好獲得充分的寫作材料。觀察時，可以從事物的材質、顏色、形狀、紋理、聲音、味道、氣味等方向來著手，然後記錄觀察的結果。

【遊戲場1-1】

請找出你最喜歡的一支筆，按照表格提供的角度來觀察，把觀察到的結果敘述出來。

觀察的角度	敘述觀察的結果
氣味	示範：聞一聞筆頭，一股淡雅的香味飄了出來，似乎是玫瑰的氣味。
材質	

觸感	
顏色	
形狀	
印花	
聲音	
味道	
氣味	

【遊戲場1-2】

承上題，請根據你觀察的結果，用譬喻法來形容這支筆的每個部分。

觀察的角度	用譬喻法形容
氣味	示範：筆頭的玫瑰香，清冷中帶著暖意，像卸下了刺的玫瑰，美而不冷冽。
材質	
觸感	
顏色	
形狀	

印花	
聲音	
味道	
氣味	

二、創意製造機（1）：強迫連結

強迫連結法，是很簡單、效果非常好的思考工具。將兩種不同的物品進行連結，可以刺激大腦從不同的角度來思考，產生特別的點子。要注意的是，這兩種物品的類型不要太接近，因為通常差距越大，你所得到的點子也就越新穎。

【遊戲場2-1】

請假設你是個發明家，將表格內的兩種物品強迫連結起來，發明新產品，說明用途。

物品A	物品B	新產品名稱＋用途說明
信件	杯子	示範：留言馬克杯↓把想說的話用雷射刻在馬克杯上，送給親友。
信件	杯子	
圖釘	磁鐵	

屋頂	湖	
小提琴	糖果	
鞋子	電腦	

【遊戲場2-2】

請找出幾個你喜歡和討厭的物品，將它們強迫連結起來，發明新產品，說明用途。

喜歡之物	討厭之物	新產品名稱＋用途說明
書桌	馬桶	示範：馬桶便利書桌→馬桶旁可拉出一張摺疊書桌，用來架手機、看影片，或是閱讀、寫作，適合需要長時間如廁的人使用。

三、創意製造機（2）：矛盾思考

如果同時有兩個對立的事實並存，面對這樣的矛盾，你該如何解釋呢？寫作時運用矛盾思考，可以擺脫一般慣性的思考方式，激發想像力，為問題找到合理的解釋。比如說，為一個看似矛盾的現象，編一則有趣又合理的小故事，這個方法可以讓創意源源不絕。

【遊戲場3-1】

請為下面看似矛盾的現象，寫一則充滿想像力又有合理解釋的小故事。

矛盾的現象	小故事
樹上的魚	
從來不笑，但是心態樂觀的美女	
趕時間，卻又必須放慢速度	

四、創意製造機（3）：隨機組合

隨機組合是簡單、有趣的創意技巧，許多產品開發團隊、廣告公司、編劇等經常需要創意點子的人，都會運用這個技巧。每當我們需要一些新構想，就找幾個毫不相干的詞，把它們組合在一起，編一則小故事。由於是「隨機」，每次組合的故事都不一樣。

【遊戲場4-1】

請在下面的【詞語庫】中，按照人物、事件、時間、地點、物品的順序，各抽選一個詞語，再把這五個詞語組合成一則小故事。

【詞語庫】

人物	事件	時間	地點	物品
爸爸	吃飯	早上八點	公園	音樂盒
媽媽	唱歌	中午一點	客廳	蛋糕
哥哥	打毛線	下午五點	圖書館	手機
妹妹	游泳	晚上八點	健身房	香水瓶
阿姨	喝咖啡	半夜一點	外婆家	皮鞋

【寫一則小故事】

五、創意「構思」（1）：聯想

創意，就在兩個不相關的事物產生關聯時迸發。天馬行空的聯想，能幫助你發現新的點子，能幫助你針對問題，編織出與眾不同的故事。但是要注意的是，聯想出來的事物最好都不要太接近，盡量跳脫框架，讓想法「跳痛」（跳TONE）一點！

【遊戲場5-1】

請利用表格內的詞語進行聯想，每一題各想出十個詞語，每個聯想都是根據前一個詞語而來。

題目	聯想十個詞語
巧克力→	示範：蛋糕→生日→唱歌→跳舞→比賽→冠軍→獎金→購物→衣服→美女

巧克力↓	
中秋節↓	
媽媽↓	

【遊戲場5-2】

承上題，請從這三組聯想中選擇一組，並利用這組的詞語，寫一則小故事。

【寫一則小故事】

六、創意「構思」（2）：逆向思考

逆向思考可以刺激新的想法，幫助你創新觀點，這是一種「翻轉」的概念，是對事物或觀點「反過來想」的創意思考方式。我們可以用這個方法，推翻許多傳統觀念，創意也隨之產生。

【遊戲場6-1】

請運用逆向思考，針對下列的四個成語，先理解原意後，寫下與傳統不同的新觀點。

成語	逆向思考後的新觀點
1. 三思而行	傳統觀點：比喻做事前要多次深入考慮才實行。 逆向思考：
2. 巧言令色	傳統觀點：指善於花言巧語的人的諂媚行為。 逆向思考：
3. 守株待兔	傳統觀點：比喻妄想不勞而獲。 逆向思考：
4. 燈蛾撲火	傳統觀點：比喻自惹禍害。 逆向思考：

【遊戲場6-2】

請運用逆向思考，針對下列的三個句子，為它們找到合理的解釋。

句子	想一個合理的解釋
不知足也能常樂	示範：人不知足，才會努力改善自己的狀況，改善以後，快樂也會隨之而來。
5. 己所欲，施於人	
6. 成者未必為王，敗者未必為寇	
7. 近墨者未必黑	

七、從生活中找創意：取材

寫作時，我們經常需要藉助其他事物作為靈感，可以刻意的培養出收集資料的習慣。平常看到有趣的新聞、圖片或小物品，就順手收藏在資料夾中。如果是在社群媒體上看到不錯的文章，就可以加入珍藏項目。同時不定期檢視這些資訊，找到觸動的部分，然後寫成一則小故事。

【遊戲場7-1】

請選擇一件你最喜愛的物品，問自己以下三個問題，再寫成一則小短文。

1. 請仔細觀察物品的外觀，把觀察到的細節描述出來。
2. 請開啟聯想，這件物品讓你想到了哪個人？
3. 這件物品和這個人，讓你想到了哪件事？

【寫一則小故事】

【遊戲場7-2】

請選擇一則讓你最有感的新聞，問自己以下三個問題，再寫成一則小短文。

1. 請簡單的敘述這則新聞在說什麼？
2. 這則新聞所說的事件，跟你有什麼連結？
3. 這則新聞對你有什麼啟發？激發出什麼情感？

【寫一則小故事】

八、創意靈感的取捨：剪裁

當我們收集到許多寫作材料後，就要針對寫作的主題，對材料進行取捨。這些材料，有的與主題有關，有的沒什麼關係；有的能充分表現主題，有的則差一些；有的具體生動，有的比較一般。所以，對手上的寫作材料必須花點心思篩選，才能使用。

【遊戲場8-1】

請根據題目，選出三個最重要的寫作材料，寫成一則小故事。

題目：上學途中

材料：綁鞋帶、老人在公園運動、刷牙、目擊車禍、教室內一片喧鬧、漱口。

【寫一則小故事】

【遊戲場8-2】

剪裁練習：請跟著以下三個寫作任務，將引號中的段落，在不影響語意下改寫。

「雖然大多數人來臨到了親水公園比較喜歡水的魅力，會參加各種各式各樣的水上遊戲，我卻對國際童玩藝術節中，野外劇場演出的內容特別非常感興趣。」

任務1：刪減多餘的字、句，使句子通順和精鍊。

任務2：加上標點符號。

任務3：加上形容詞和比喻，讓句子更漂亮。

【我的改寫】

【遊戲場6-1、6-2】參考答案

1.有時考慮得太多，使自己迷惑不安，甚至延誤事情的進度。

2.人際上，還是要懂得說話的技巧，才能創造個人魅力。

3.人有時需要很有耐心的等待機會。

4.對理想的執著，可以讓人奮不顧身，也可以悲壯的犧牲。

5.把自己喜歡的好事物帶給別人。當你帶給別人歡樂，你就會得到歡樂；帶給別人祝福，你就會得到別人的祝福。

6.倘若已經竭盡全力，仍舊失敗，有時便是機運的問題，因此很多失敗者仍能受人尊敬，就這方面來說，又是成功的。

7.和一些壞的人、事、物長期在一起，難免會受到壞的影響。但有人則能在腐敗與惡劣的環境中，潔身自愛，堅守正確的原則。